경영수학 입문

최 정 일 저

도서
출판 상 학 당

머리말

대학에 들어오기 전까지는 수학공부를 위해 많은 시간을 투자하지만 막상 대학에 들어오게 되면 전공과목에 밀리면서 수학이 여러 선택과목 중에 하나로 여겨지고 있습니다. 과거와 달리 요즘 문과생들은 고교과정에서 미분과 적분을 배우지 못하고 대학에 들어와 경영학을 전공하는 경우가 있습니다. 그러니 경영수학의 중요성이 예전에 비해 더욱 커지고 있습니다.

대학에서 4년간, 대학원에서 1년간 수학을 전공하였고 석사과정과 박사과정에서는 경영학을 전공하였으며 금융기관에서 10여 년 이상 근무하였으니 본인에게는 경영수학이 매우 친근한 과목으로 다가오고 있습니다. 경영수학을 강의하기 위해 여러 교재를 살펴보던 중 학창시절 수학과 은사님께서 저술한 경영수학 교재를 마주하면서 스승님의 가르침을 다시금 느낄 수 있었습니다.

이 책은 수학에 관한 이론적인 접근뿐만 아니라 이해도를 높이기 위해 가능한 한 많은 예제와 문제를 수록하여 작성하였습니다. 난이도가 높은 문제보다는 경영학을 공부하는 학생으로서 꼭 알아두어야 할 내용들을 간략하게 정리하고자 노력했습니다. 또한 다양한 그래프를 수록하여 수학 공부에 흥미를 느낄 수 있도록 준비했습니다.

끝으로 이 책이 나올 수 있도록 도움을 주신 많은 분들에게 진심으로 감사를 드립니다.

가을 문턱에서
저자 씀

차 례

제 1 장

행 렬

1-1 행 렬

행렬은 성분이라 부르는 수들의 직사각형 배열이며 mn개의 실수 $a_{ij}(1 \leq i \leq m,\ 1 \leq j \leq n)$를 늘어놓은 것을 $m \times n$ 행렬(matrix) 또는 크기 $m \times n$ 행렬이라고 한다.

$$A = \begin{bmatrix} a_{11} & a_{12} & \cdots & a_{1n} \\ a_{21} & a_{22} & \cdots & a_{2n} \\ \vdots & \vdots & & \vdots \\ a_{m1} & a_{m2} & \cdots & a_{mn} \end{bmatrix}$$

여기서 각 원소 a_{ij}를 행렬 A의 (i, j)성분이라고 한다.

행렬 A에서

$$a_{i1},\ a_{i2},\ \cdots,\ a_{in}$$

은 A의 제i행(i-th row)이라 하고

$$a_{1j},\ a_{2j},\ \cdots,\ a_{mj}$$

는 A의 제j열(j-th column)이라 한다.

행렬 A는 간단히

$$A = [a_{ij}]_{m \times n} \text{ 또는 } A = [a_{ij}]$$

로 표시한다.

특히 $n \times n$ 행렬 $A = [a_{ij}]_{n \times n}$은 크기 n의 정사각행렬(square matrix of order n)이라 한다. 그리고 단 한 개의 원소로 이루어진 1×1 행렬 $[a]$는 a와 동일시한다.

두 행렬 $A=[a_{ij}]_{m\times n}$, $B=[b_{ij}]_{m\times n}$이 크기가 같고 성분이 모두 같으면, A와 B는 서로 같다고 한다. 즉

$$[a_{ij}]_{m\times n}=[b_{ij}]_{m\times n} \Longleftrightarrow a_{ij}=b_{ij}\ (1\le i\le m,\ 1\le j\le n)$$

모든 성분이 O인 $m\times n$행렬을 $m\times n$영행렬(zero metrix)이라 하고 이 행렬을 $O_{m\times n}$ 또는 O로 나타낸다.

$$O_{2\times 3}=\begin{bmatrix}0&0&0\\0&0&0\end{bmatrix}$$

두 $m\times n$ 행렬 $A=[a_{ij}]_{m\times n}$, $B=[b_{ij}]_{m\times n}$와 실수 k에 대하여 합 $A+B$, 차 $A-B$, 곱 kA는 각각 다음과 같이 정의한다.

$$A+B=[a_{ij}+b_{ij}]_{m\times n}$$
$$A-B=[a_{ij}-b_{ij}]_{m\times n}$$
$$kA=[ka_{ij}]_{m\times n}$$

■ 예제 1 ■ 정의에 의해 다음 등식이 성립한다.

$$A=\begin{bmatrix}1&2&3\\4&5&6\end{bmatrix},\ B=\begin{bmatrix}2&1&0\\-3&1&-2\end{bmatrix},\ C=\begin{bmatrix}0&6&3\\3&-9&12\end{bmatrix}$$

$$A+B=\begin{bmatrix}1&2&3\\4&5&6\end{bmatrix}+\begin{bmatrix}2&1&0\\-3&1&-2\end{bmatrix}=\begin{bmatrix}3&3&3\\1&6&4\end{bmatrix}$$
$$A-B=\begin{bmatrix}1&2&3\\4&5&6\end{bmatrix}-\begin{bmatrix}2&1&0\\-3&1&-2\end{bmatrix}=\begin{bmatrix}-1&1&3\\7&4&8\end{bmatrix}$$
$$2B=2\begin{bmatrix}2&1&0\\-3&1&-2\end{bmatrix}=\begin{bmatrix}4&2&0\\-6&2&-4\end{bmatrix}$$
$$(-1)B=(-1)\begin{bmatrix}2&1&0\\-3&1&-2\end{bmatrix}=\begin{bmatrix}-2&-1&0\\3&-1&2\end{bmatrix}$$

$$\frac{1}{3}C = \frac{1}{3}\begin{bmatrix} 0 & 6 & 3 \\ 3 & -9 & 12 \end{bmatrix} = \begin{bmatrix} 0 & 2 & 1 \\ 1 & -3 & 4 \end{bmatrix}$$

$$A + \frac{1}{3}C = \begin{bmatrix} 1 & 2 & 3 \\ 4 & 5 & 6 \end{bmatrix} + \begin{bmatrix} 0 & 2 & 1 \\ 1 & -3 & 4 \end{bmatrix} = \begin{bmatrix} 1 & 4 & 4 \\ 5 & 2 & 10 \end{bmatrix}$$

정리 1 실수를 성분으로 하는 세 $m \times n$행렬 A, B, C와 스칼라 a, b에 대하여 다음과 같은 정의가 성립된다.

ⓐ $A + B = B + A$ (덧셈에 의한 교환법칙)
ⓑ $(A + B) + C = A + (B + C)$ (덧셈에 의한 결합법칙)
ⓒ $m \times n$ 영행렬 O에 대하여 $A + O = O + A = A$가 성립한다.
ⓓ $A + (-A) = (-A) + A = O$이 되는 $m \times n$ 행렬 $-A$가 존재한다.
ⓔ $a(A + B) = aA + aB$
ⓕ $(a + b)A = aA + bA$
ⓖ $(ab)A = a(bA)$
ⓗ $1A = A$

$m \times r$행렬 $A = [a_{ij}]_{m \times r}$와 $r \times n$행렬 $B = [b_{ij}]_{r \times n}$에 대하여, A와 B의 곱 AB는 다음과 같이 정의된 $m \times n$행렬이 된다. 이때 첫 행렬 A의 열의 수와 둘째 행렬 B의 행의 수가 같아야 하며 A와 B의 크기는 곧 AB에 합치한다고 한다.

$$AB = [C_{ij}]_{m \times n}$$

여기서, $C_{ij} = \sum_{k=1}^{r} a_{ik} b_{kj} = a_{i1} b_{1j} + \cdots + a_{ir} b_{rj}$

$(1 \le i \le m,\ 1 \le j \le n)$

$$\begin{bmatrix} a_{11} & a_{12} & \cdots & a_{1r} \\ \cdots & \cdots & \cdots & \cdots \\ a_{i1} & a_{i2} & \cdots & a_{ir} \\ \cdots & \cdots & \cdots & \cdots \\ a_{m1} & a_{m2} & \cdots & a_{mr} \end{bmatrix} \begin{bmatrix} b_{11} & \cdots & b_{1j} & \cdots & b_{1n} \\ b_{21} & \cdots & b_{2j} & \cdots & b_{2n} \\ \vdots & & \vdots & & \vdots \\ b_{r1} & \cdots & b_{rj} & \cdots & b_{rn} \end{bmatrix} = \begin{bmatrix} c_{11} & \cdots & c_{1j} & \cdots & c_{1n} \\ \vdots & & \vdots & & \vdots \\ \cdots & & c_{ij} & & \cdots \\ \vdots & & \vdots & & \vdots \\ c_{m1} & \cdots & c_{mj} & \cdots & c_{mn} \end{bmatrix}$$

■ 예제 2 ■ $A = \begin{bmatrix} 1 & 2 & 3 \\ 4 & 5 & 0 \end{bmatrix}, \quad B = \begin{bmatrix} 2 & 1 & 3 & 4 \\ 0 & 1 & -2 & 1 \\ 3 & 2 & 5 & 2 \end{bmatrix}$

(1) 곱 AB를 구하시오.

$$\begin{bmatrix} 1 & 2 & 3 \\ 4 & 5 & 0 \end{bmatrix} \begin{bmatrix} 2 \\ 0 \\ 3 \end{bmatrix} = (2)\begin{bmatrix} 1 \\ 4 \end{bmatrix} + (0)\begin{bmatrix} 2 \\ 5 \end{bmatrix} + (3)\begin{bmatrix} 3 \\ 0 \end{bmatrix} = \begin{bmatrix} 11 \\ 8 \end{bmatrix}$$

$$\begin{bmatrix} 1 & 2 & 3 \\ 4 & 5 & 0 \end{bmatrix} \begin{bmatrix} 1 \\ 1 \\ 2 \end{bmatrix} = (1)\begin{bmatrix} 1 \\ 4 \end{bmatrix} + (1)\begin{bmatrix} 2 \\ 5 \end{bmatrix} + (2)\begin{bmatrix} 3 \\ 0 \end{bmatrix} = \begin{bmatrix} 9 \\ 9 \end{bmatrix}$$

$$\begin{bmatrix} 1 & 2 & 3 \\ 4 & 5 & 0 \end{bmatrix} \begin{bmatrix} 3 \\ -2 \\ 5 \end{bmatrix} = (3)\begin{bmatrix} 1 \\ 4 \end{bmatrix} + (-2)\begin{bmatrix} 2 \\ 5 \end{bmatrix} + (5)\begin{bmatrix} 3 \\ 0 \end{bmatrix}$$

$$= \begin{bmatrix} 14 \\ 2 \end{bmatrix}$$

$$\begin{bmatrix} 1 & 2 & 3 \\ 4 & 5 & 0 \end{bmatrix} \begin{bmatrix} 4 \\ 1 \\ 2 \end{bmatrix} = (4)\begin{bmatrix} 1 \\ 4 \end{bmatrix} + (1)\begin{bmatrix} 2 \\ 5 \end{bmatrix} + (2)\begin{bmatrix} 3 \\ 0 \end{bmatrix} = \begin{bmatrix} 12 \\ 21 \end{bmatrix}$$

따라서

$$AB = \begin{bmatrix} 1 & 2 & 3 \\ 4 & 5 & 0 \end{bmatrix} \begin{bmatrix} 2 & 1 & 3 & 4 \\ 0 & 1 & -2 & 1 \\ 3 & 2 & 5 & 2 \end{bmatrix} = \begin{bmatrix} 11 & 9 & 14 & 12 \\ 8 & 9 & 2 & 21 \end{bmatrix}$$

(2) 곱 BA를 구하시오.

행렬 B는 3×4이고 행렬 A는 2×3이므로 곱 BA는 정의되지 않는다.

■ 예제 3 ■ (1) ($1\times r$ 행렬)($r\times n$ 행렬) → ($1\times n$ 행렬)

$$[a\ \ b\ \ c]\begin{bmatrix}x\\y\\z\end{bmatrix}=ax+by+cz$$

$$[1\ \ 2\ \ 3]\begin{bmatrix}-1&2\\2&3\\0&-1\end{bmatrix}=[-1+4+0\quad 2+6-3]$$
$$=[3\ \ 5]$$

(2) ($m\times r$ 행렬)($r\times n$ 행렬) → ($m\times n$ 행렬)

$$\begin{bmatrix}0&1\\1&0\end{bmatrix}\begin{bmatrix}1&3&5\\2&4&0\end{bmatrix}=\begin{bmatrix}2&4&0\\1&3&5\end{bmatrix}$$
$$\begin{bmatrix}1\\2\end{bmatrix}[2\ \ 1\ \ 4]=\begin{bmatrix}2&1&4\\4&2&8\end{bmatrix}$$

(3) ($n\times n$ 행렬)($n\times n$ 행렬) → ($n\times n$ 행렬)

$$\begin{bmatrix}0&1\\-1&-2\end{bmatrix}\begin{bmatrix}1&-3\\-1&3\end{bmatrix}=\begin{bmatrix}-1&3\\1&-3\end{bmatrix}$$
$$\begin{bmatrix}1&-2\\2&3\end{bmatrix}\begin{bmatrix}0&1\\-1&2\end{bmatrix}=\begin{bmatrix}2&-3\\-3&8\end{bmatrix}$$

실수를 성분으로 가지는 n차의 행렬 중에서, 주대각선 위에 있는 성분이 모두 1이고 그 밖의 성분은 모두 0인 행렬을 n차의 항등행렬(identity matrix) 또는 단위행렬이라 한다. 이 행렬은 I, I_n 또는 E, E_n으로 나타낸다.

예를 들어,

$$I=[1],\quad I_2=\begin{bmatrix}1&0\\0&1\end{bmatrix},\quad I_3=\begin{bmatrix}1&0&0\\0&1&0\\0&0&1\end{bmatrix}$$

정리 2 곱셈이 정의되는 경우 다음 등식이 성립한다.

(1) $(AB)C = A(BC)$

(2) $A(B+C) = AB + AC$

$(B+C)D = BD + CD$

(3) $m \times n$ 행렬 A에 대하여

$I_m A = A, \ AI_n = A$

행렬 $A = [a_{ij}]_{m \times n}$에 대하여 각 (i, j) 성분이 a_{ji}인 $n \times m$ 행렬을 A의 전치행렬(transpose)이라 하고 이것을 A^T로 나타낸다.

$$A = \begin{bmatrix} a_{11} & a_{12} & \cdots & a_{1n} \\ a_{21} & a_{22} & \cdots & a_{2n} \\ \cdots & \cdots & \cdots & \cdots \\ a_{m1} & a_{m2} & \cdots & a_{mn} \end{bmatrix}, \qquad A^T = \begin{bmatrix} a_{11} & a_{21} & \cdots & a_{m1} \\ a_{12} & a_{22} & \cdots & a_{m2} \\ \vdots & \vdots & & \vdots \\ a_{1n} & a_{2n} & \cdots & a_{mn} \end{bmatrix}$$

A^T의 첫째 열은 A의 첫째 행, A^T의 둘째 열은 A의 둘째 행이 된다.

정리 3 두 $m \times n$ 행렬 A, B와 실수 k에 대하여 다음 등식이 성립한다.

(1) $(A^T)^T = A$

(2) $(A+B)^T = A^T + B^T$

(3) $(kA)^T = kA^T$

(4) $(AB)^T = B^T A^T$

■ 예제 4 ■ $A=\begin{bmatrix}1 & 2\\3 & 0\end{bmatrix}$, $B=\begin{bmatrix}1 & 2 & 3\\2 & -1 & 0\end{bmatrix}$에 대하여

$$A^T=\begin{bmatrix}1 & 3\\2 & 0\end{bmatrix},\qquad B^T=\begin{bmatrix}1 & 2\\2 & -1\\3 & 0\end{bmatrix}$$

$$AB=\begin{bmatrix}5 & 0 & 3\\3 & 6 & 9\end{bmatrix}$$

$$(AB)^T=\begin{bmatrix}5 & 3\\0 & 6\\3 & 9\end{bmatrix},\ B^TA^T=\begin{bmatrix}5 & 3\\0 & 6\\3 & 9\end{bmatrix}$$

A^TB^T는 정의되지 않는다.

행렬 $A=[a_{ij}]_{m\times n}$의 열과 행렬 $B=[b_{ij}]_{m\times r}$의 열을 차례로 연이어 늘어놓아 만든 $m\times(n+r)$ 행렬을 덧붙인 행렬(argumented matrix)이라 하고 이 행렬을 $[A|B]$로 나타낸다. 즉,

$$[A|B]=\begin{bmatrix}a_{11} & a_{12} & \cdots & a_{1n} & b_{11} & b_{12} & \cdots & b_{1r}\\ a_{21} & a_{22} & \cdots & a_{2n} & b_{21} & b_{22} & \cdots & b_{2r}\\ \cdots & & & & & & & \cdots\\ a_{m1} & a_{m2} & \cdots & a_{mn} & b_{m1} & b_{m2} & \cdots & b_{mr}\end{bmatrix}$$

행렬 $[A|B]$에서 A의 성분과 B의 성분을 구별하여 나타내고 싶을 때에는 A, B의 성분 사이에 점선을 그어 나타낸다.

■ 예제 5 ■ $A=\begin{bmatrix}1 & 2 & 3\\4 & 3 & 2\end{bmatrix}$, $B=\begin{bmatrix}4 & 2\\1 & 5\end{bmatrix}$

$$[A|B]=\left[\begin{array}{ccc:cc}1 & 2 & 3 & 4 & 2\\4 & 3 & 2 & 1 & 5\end{array}\right]$$

연습문제 • 1

1. 다음을 계산하시오.

① $\begin{bmatrix} 1 & 3 & -2 \\ 4 & 0 & 5 \end{bmatrix} + \begin{bmatrix} 4 & -2 & 6 \\ 0 & 3 & -2 \end{bmatrix}$

② $\begin{bmatrix} 1 & 4 & 2 \\ 3 & 2 & 0 \end{bmatrix} + 3\begin{bmatrix} 2 & 0 & 1 \\ -1 & 2 & 3 \end{bmatrix}$

③ $4\begin{bmatrix} 3 & 2 \\ -1 & 0 \end{bmatrix} - 2\begin{bmatrix} 4 & 1 \\ -3 & 2 \end{bmatrix}$

④ $2\begin{bmatrix} 1 & 3 & -2 \\ 5 & 1 & 4 \end{bmatrix} - 3\begin{bmatrix} 0 & 1 & -2 \\ 3 & 0 & 2 \end{bmatrix}$

2. 다음을 계산하시오.

① $\begin{bmatrix} 2 & -1 & 3 \\ 4 & 2 & 1 \end{bmatrix}\begin{bmatrix} 2 \\ 3 \\ 0 \end{bmatrix}$

② $\begin{bmatrix} 3 & 1 \\ 0 & -1 \\ 2 & 4 \end{bmatrix}\begin{bmatrix} 2 & 1 & 0 \\ 0 & 2 & -1 \end{bmatrix}$

③ $\begin{bmatrix} 0 & -1 \\ 1 & 0 \\ 0 & 1 \end{bmatrix}\begin{bmatrix} 1 & 0 \\ -3 & 4 \end{bmatrix}$

④ $\begin{bmatrix} 4 & 2 & 1 \end{bmatrix}\begin{bmatrix} 2 & 1 \\ 1 & 3 \\ -1 & 4 \end{bmatrix}$

3. 전치행렬을 구하시오.

① $\begin{bmatrix} 4 & 5 & -8 \\ -1 & 3 & 0 \end{bmatrix}$

② $\begin{bmatrix} 4 & 6 \\ -5 & 3 \end{bmatrix}$

③ $\begin{bmatrix} 4 & 2 \\ 3 & 0 \\ 5 & -6 \end{bmatrix}$

④ $\begin{bmatrix} 2 \\ 4 \\ 8 \end{bmatrix}$

4. 두 행렬 A, B에 대하여 A^T, B^T, $(AB)^T$, A^TB^T, B^TA^T를 구하시오.

$$A = \begin{bmatrix} 4 & -2 \\ 1 & 3 \end{bmatrix}, \qquad B = \begin{bmatrix} 2 & 3 \\ 5 & -1 \end{bmatrix}$$

1-2 정사각행렬

정리 1 실수를 성분으로 가지는 n차의 정사각행렬 A, B, C와 영행렬 O 그리고 스칼라 k, l에 대하여 덧셈, 곱셈, 스칼라 곱셈이 다음과 같이 성립한다.

ⓐ $(A+B)+C = A+(B+C)$

ⓑ $A+B = B+A$

ⓒ $A+O = O+A = A$

ⓓ $A+(-A) = (-A)+A = O$를 만족하는 행렬 $-A$가 존재한다.

ⓔ $(AB)C = A(BC)$

ⓕ 항등행렬 I에 대하여 $AI = IA = A$가 성립한다.

ⓖ $A(B+C) = AB+AC$, $(A+B)C = AC+BC$

ⓗ $k(A+B) = kA+kB$

ⓘ $(k+l)A = kA+lA$

ⓙ $(kl)A = k(lA)$

ⓚ $1A = A$

ⓛ $k(AB) = (kA)B = A(kB)$

■ 예제 1 ■ 행렬 $A = \begin{bmatrix} 0 & 1 \\ 0 & 2 \end{bmatrix}$, $B = \begin{bmatrix} 1 & 4 \\ 2 & 3 \end{bmatrix}$, $C = \begin{bmatrix} 2 & 0 \\ 2 & 3 \end{bmatrix}$에 대하여 $AB = AC = \begin{bmatrix} 2 & 3 \\ 4 & 6 \end{bmatrix}$이다.

방정식 $AB = AC$가 성립하고 $A \neq 0$이므로 양변에 A를 나누어 주면 $B = C$가 되어 식이 성립하지 않는다.

일반적으로 행렬곱에서는 나누기가 성립하지 않는다.

■ 예제 2 ■ 행렬 $A = \begin{bmatrix} 0 & 2 \\ 0 & 3 \end{bmatrix}$, $B = \begin{bmatrix} 4 & 5 \\ 0 & 0 \end{bmatrix}$에 대하여 $AB = O$이지만 $A \neq 0$이고 $B \neq 0$이다.

실수 a, b에 대하여 $ab = 0$이면, $a = 0$ 또는 $b = 0$이 성립되는 공식이 일반적으로 행렬곱에서는 성립되지 않는 경우가 있다.

고정된 i, $j(1 \leq i,\ j \leq n)$에 대하여 $(i,\ j)$ 성분만 1이고 그 외 성분이 모두 0인 n차의 행렬을 E_{ij}로 나타내자.

$$E_{ij} = \begin{bmatrix} 0 & 0 & \cdots & 0 & \cdots & 0 & \cdots & 0 \\ \hdotsfor{8} \\ 0 & 0 & \cdots & 0 & \cdots & 0 & \cdots & 0 \\ 0 & 0 & \cdots & 1 & \cdots & 0 & \cdots & 0 \\ \hdotsfor{8} \\ 0 & 0 & \cdots & 0 & \cdots & 0 & \cdots & 0 \end{bmatrix} \begin{matrix} \\ \\ \\ \leftarrow i \\ \\ \\ \end{matrix}$$

$$\qquad\qquad\uparrow$$
$$\qquad\qquad j$$

■ 예제 3 ■ 2차의 정사각행렬

$$E_{11} = \begin{bmatrix} 1 & 0 \\ 0 & 0 \end{bmatrix}, \qquad E_{12} = \begin{bmatrix} 0 & 1 \\ 0 & 0 \end{bmatrix},$$
$$E_{21} = \begin{bmatrix} 0 & 0 \\ 1 & 0 \end{bmatrix}, \qquad E_{22} = \begin{bmatrix} 0 & 0 \\ 0 & 1 \end{bmatrix}$$

에 대하여 다음 식이 성립한다.

$$E_{11}E_{11} = E_{11}$$
$$E_{11}E_{12} = E_{12}$$
$$E_{11}E_{21} = E_{11}E_{22} = 0$$

일반적으로 행렬 E_{ij}에 대하여 다음 등식이 성립한다.

$$E_{ij}E_{kl} = \begin{cases} E_{il} & (j = k\text{일 때}) \\ O & (j \neq k\text{일 때}) \end{cases}$$

특히, $n \geq 2$일 때 $E_{11}E_{12} = E_{12} \neq O = E_{12}E_{11}$이므로 행렬곱에서는 곱셈에 관한 교환법칙이 성립하지 않는다.

정의 1 정사각행렬 A에 대하여

$$AB = BA = I$$

가 되는 A와 크기가 같은 행렬 B가 존재할 때 A를 **정칙행렬(nonsingular matrix)**이라 한다. 이 경우 B를 A의 **역행렬(inverse)**이라 하고 B를 A^{-1}로 나타낸다. 즉, $AA^{-1} = A^{-1}A = I$이다.

■ 예제 4 ■ $AB = BA = I$의 조건에서 A와 B를 서로 교환해도 변하지 않는다. A가 정칙행렬이면 B는 A의 역행렬이 되고 B가 정칙행렬이면 A는 B의 역행렬이 된다.

$$A = \begin{bmatrix} 1 & -3 \\ -1 & 4 \end{bmatrix}, \qquad B = \begin{bmatrix} 4 & 3 \\ 1 & 1 \end{bmatrix}$$

에 대하여

$$AB = \begin{bmatrix} 1 & -3 \\ -1 & 4 \end{bmatrix}\begin{bmatrix} 4 & 3 \\ 1 & 1 \end{bmatrix} = \begin{bmatrix} 1 & 0 \\ 0 & 1 \end{bmatrix} = I$$

$$BA = \begin{bmatrix} 4 & 3 \\ 1 & 1 \end{bmatrix}\begin{bmatrix} 1 & -3 \\ -1 & 4 \end{bmatrix} = \begin{bmatrix} 1 & 0 \\ 0 & 1 \end{bmatrix} = I$$

이 된다. 따라서 A와 B는 정칙행렬이고 또한 서로 역행렬이 된다.

■ 예제 5 ■ 행렬 $A = \begin{bmatrix} a & b \\ c & d \end{bmatrix}$이 정칙행렬이기 위한 필요충분조건은 $ad - bc \neq 0$이다. 이 경우 A^{-1}은 다음과 같다.

$$A^{-1} = \frac{1}{ad - bc}\begin{bmatrix} d & -b \\ -c & a \end{bmatrix}$$

정리 2 정칙행렬에 대해 다음이 성립한다.

(1) 항등행렬 I는 정칙행렬이고, 또 $I^{-1} = I$이다.

(2) A가 정칙행렬이면, A^{-1}도 정칙행렬이고 $(A^{-1})^{-1} = A$이다.

(3) 두 행렬 A, B가 정칙행렬이면, AB도 정칙행렬이고 또 $(AB)^{-1} = B^{-1}A^{-1}$이다.

【정사각행렬 A의 거듭제곱 정의】

$$A^1 = A,\ A^2 = AA,\ A^3 = A^2A = AAA$$

$$A^m = A^{m-1}A = \underbrace{AA \cdots A}_{m\text{개}}$$

$$A^{-2} = (A^{-1})^2 = A^{-1}A^{-1},$$

$$A^{-3} = (A^{-1})^3 = A^{-1}A^{-1}A^{-1},$$

$$A^{-m} = (A^{-1})^m = \underbrace{A^{-1}A^{-1} \cdots A^{-1}}_{m\text{개}}$$

정의 2 정사각행렬 $A = [a_{ij}]_{n\times n}$의 주대각선 위에 있는 성분 a_{11}, a_{22}, $\cdots$, a_{nn}을 더한 합을 행렬 A의 **트레이스(trace)**라 하고 이것을 $\mathrm{tr}A$로 나타낸다. 즉

$$\mathrm{tr}A = \sum_{i=1}^{n} a_{ii} = a_{11} + a_{22} + \cdots + a_{nn}$$

■ 예제 6 ■ $A = \begin{bmatrix} 1 & 2 \\ 3 & 4 \end{bmatrix}$, $B = \begin{bmatrix} 5 & 6 \\ 7 & 8 \end{bmatrix}$에 대하여

$$A + B = \begin{bmatrix} 6 & 8 \\ 10 & 12 \end{bmatrix}, \qquad 2A = \begin{bmatrix} 2 & 4 \\ 6 & 8 \end{bmatrix}$$

$$\mathrm{tr}A = 5, \qquad \mathrm{tr}B = 13$$
$$\mathrm{tr}(A+B) = 18 = \mathrm{tr}A + \mathrm{tr}B$$
$$\mathrm{tr}2A = 10 = 2\mathrm{tr}A$$

또한

$$AB = \begin{bmatrix} 19 & 22 \\ 43 & 50 \end{bmatrix}, \qquad BA = \begin{bmatrix} 23 & 34 \\ 31 & 46 \end{bmatrix}$$

이므로 $AB \neq BA$이지만 다음이 성립한다.

$$\mathrm{tr}(AB) = 19 + 50 = 69$$
$$\mathrm{tr}(BA) = 23 + 46 = 69$$

따라서,

$$\mathrm{tr}(AB) = \mathrm{tr}(BA)$$

정리 3 두 정사각행렬 A, B와 실수 k에 대하여 다음이 성립한다.

ⓐ $\mathrm{tr}A^T = \mathrm{tr}A$
ⓑ $\mathrm{tr}(A+B) = \mathrm{tr}A + \mathrm{tr}\,B$
ⓒ $\mathrm{tr}(A-B) = \mathrm{tr}A - \mathrm{tr}\,B$
ⓓ $\mathrm{tr}(kA) = k(\mathrm{tr}A)$
ⓔ $\mathrm{tr}(AB) = \mathrm{tr}(BA)$

특수한 모양의 정사각행렬을 정의해 보자.

정의 3 n차의 정사각행렬 A에서 $A^T = A$, 즉 $a_{ji} = a_{ij}$ $(1 \le i,\ j \le n)$일 때 A를 **대칭행렬(symmetric matrix)**이라 한다. 또

$$A^T = -A,\ 즉\ a_{ji} = -a_{ij}(1 \le i,\ j \le n)$$

일 때 A를 **교대행렬(alternating matrix)**이라 한다.

$$대칭행렬 : \begin{bmatrix} a_{11} & a & b \\ a & a_{22} & c \\ b & c & a_{33} \end{bmatrix}$$

$$\begin{bmatrix} 5 & -2 \\ -2 & 4 \end{bmatrix},\ \begin{bmatrix} 0 & 1 & 2 \\ 1 & 0 & 3 \\ 2 & 3 & 0 \end{bmatrix},\ \begin{bmatrix} 1 & 2 & 3 \\ 2 & 5 & -4 \\ 3 & -4 & 7 \end{bmatrix}$$

$$교대행렬 : \begin{bmatrix} 0 & a & b \\ -a & 0 & c \\ -b & -c & 0 \end{bmatrix}$$

$$\begin{bmatrix} 0 & 3 \\ -3 & 0 \end{bmatrix},\ \begin{bmatrix} 0 & 2 & -4 \\ -2 & 0 & 6 \\ 4 & -6 & 0 \end{bmatrix},\ \begin{bmatrix} 0 & 0 & 0 \\ 0 & 0 & 0 \\ 0 & 0 & 0 \end{bmatrix}$$

정의 4 n차의 행렬 A에서 주대각선 아래쪽에(위쪽에) 있는 성분이 모두 0일 때, 행렬 A를 **상부삼각행렬(하부삼각행렬)**이라 한다. 상부 또는 하부 삼각행렬을 **삼각행렬(triangular matrix)**이라 부른다.

$$\begin{bmatrix} a_{11} & a_{12} & \cdots & a_{1n} \\ 0 & a_{22} & \cdots & a_{2n} \\ \vdots & \vdots & \ddots & \vdots \\ 0 & 0 & \cdots & a_{nn} \end{bmatrix}, \qquad \begin{bmatrix} a_{11} & 0 & \cdots & 0 \\ a_{21} & a_{22} & \cdots & 0 \\ \vdots & \vdots & \ddots & \vdots \\ a_{n1} & a_{n2} & \cdots & a_{nn} \end{bmatrix}$$

상부삼각행렬　　　　　　　하부삼각행렬

정의 5 n차의 정사각행렬 A에서 주대각선에 있는 성분을 제외한 성분이 모두 0일 때, A를 **대각행렬(diagonal matrix)**이라 하고 이 행렬을

$$A = \mathrm{diag}\{a_{11},\ a_{22},\ \cdots,\ a_{nn}\}$$

으로 나타낸다. 특히 어느 k에 대하여

$$A = \mathrm{diag}\{k,\ k,\ \cdots,\ k\} = kI$$

일 때, A를 **스칼라 행렬(scalar matrix)**이라 한다.

연습문제 • 2

1. 다음 행렬과 스칼라를 이용하여 다음 명제를 확인하시오.

$$A=\begin{bmatrix}2&0&4\\3&1&2\\1&-2&5\end{bmatrix},\quad B=\begin{bmatrix}3&1&2\\0&2&4\\5&-3&0\end{bmatrix},\quad C=\begin{bmatrix}1&6&3\\-2&0&4\\5&2&1\end{bmatrix}$$

$a=2,\ b=4$

① $A+(B+C)=(A+B)+C$
② $(AB)C=A(BC)$
③ $(a+b)A=aA+bA$
④ $a(B-C)=aB-aC$

2. 다음 행렬을 이용하여 다음 명제를 확인하시오.

$$A=\begin{bmatrix}1&2\\3&4\end{bmatrix},\qquad B=\begin{bmatrix}2&0\\0&5\end{bmatrix}$$

① A^{-1}
② $(A^{-1})^{-1}=A$
③ $(A^{T})^{-1}=(A^{-1})^{T}$
④ $(2A)^{-1}=\frac{1}{2}A^{-1}$
⑤ $(AB)^{-1}=B^{-1}A^{-1}$

3. 다음 행렬의 트레이스를 구하시오.

$$A=\begin{bmatrix}2&4\\0&5\end{bmatrix},\quad B=\begin{bmatrix}3&3\\-2&-4\end{bmatrix},\quad C=\begin{bmatrix}3&0&-2\\-1&4&2\\5&0&3\end{bmatrix}$$

① $\mathrm{tr}\,A$
② $\mathrm{tr}\,B$
③ $\mathrm{tr}\,C$
④ $\mathrm{tr}\,AB$
⑤ $\mathrm{tr}\,BA$
⑥ $\mathrm{tr}(A+B)$

제 2 장

함　수

2-1 함수의 정의

일정한 규칙에 따라 집합 A의 각 원소에 대하여 집합 B의 단 한 개의 원소를 대응시킬 때, 이러한 대응규칙을 A에서 B로의 함수(function of A into B)라고 한다.

집합 A에서 집합 B로의 함수 f가 정의되어 있을 때

$$f : A \to B \text{ 또는 } A \xrightarrow{f} B$$

로 나타내고 A를 f의 정의역(domain), B를 f의 공역(codomain)이라 한다.

또한 각 원소 $x \in A$에 대하여 f에 의해 x에 대응하는 B의 원소를 $f(x)$로 나타내고 이것을 x에서의 f의 함수값 또는 f의 치역(range)이라고 한다.

함수 f에 의한 함수값 전체의 집합을 $f(A)$라 하고

$$f(A) = \{f(x) \mid x \in A\}$$

로 나타낸다.

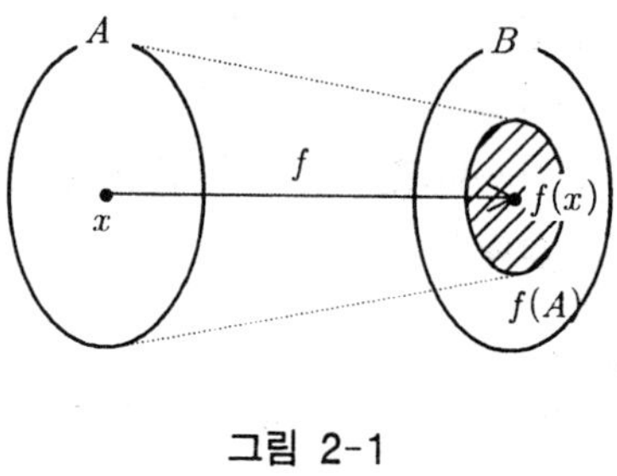

그림 2-1

함수를 나타내는 기호로는

$$f,\ g,\ h,\ F,\ G,\ H,\ \varphi,\ \phi,\ \psi$$

등이 자주 쓰인다.

■ 예제 1 ■ 다음에서 함수가 아닌 것을 찾아보시오.

①

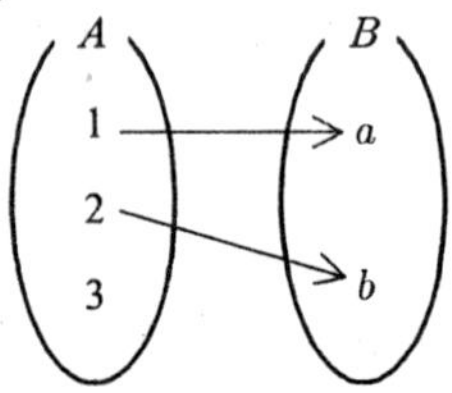

②

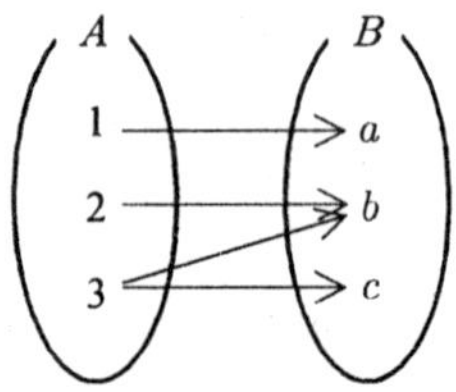

③

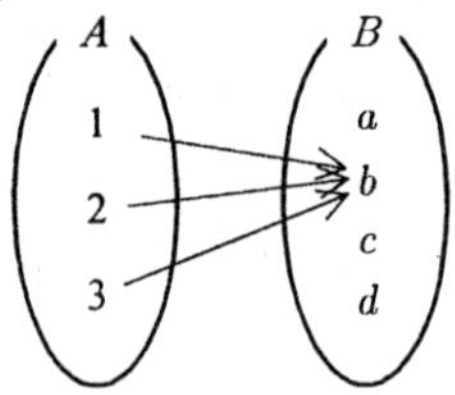

①은 집합 A의 3이 대응하는 값이 없으므로 함수가 아니다.

②는 집합 A의 3이 집합 B의 b와 c에 대응하므로 함수가 아니다.

③은 집합 A의 1, 2, 3이 집합 B의 b와 한 개씩 대응하므로 함수이다.

■ 예제 2 ■ 다음 함수의 정의역, 공역, 치역을 찾아보시오.

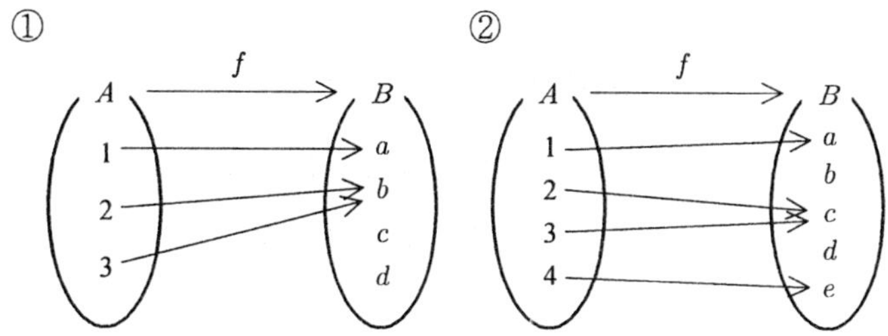

① 정의역 : $\{1,\ 2,\ 3\}$, 공역 : $\{a,\ b,\ c,\ d\}$, 치역 : $\{a,\ b\}$

② 정의역 : $\{1,\ 2,\ 3,\ 4\}$, 공역 : $\{a,\ b,\ c,\ d,\ e\}$, 치역 : $\{a,\ c,\ e\}$

두 함수 $f : A \to B$, $g : A \to B$에서 모든 원소 $x \in A$에 대하여 $f(x) = g(x)$일 때 f와 g는 서로 같다고 하고 $f = g$로 나타낸다.

■ 예제 3 ■ 함수 $f(x) = x^2 - 3x + 2$의 함수값은 다음과 같다.

$$f(-1) = (-1)^2 - 3(-1) + 2 = 6$$
$$f(0) = 0 - 0 + 2 = 2$$
$$f(1) = 1 - 3 + 2 = 0$$

■ 예제 4 ■ 다음 두 함수는 서로 같다고 한다.

$$f(x) = x^2 + 2x + 5,\ g(x) = (x+1)^2 + 4$$

$$f(-1) = (-1)^2 + 2(-1) + 5 = 4$$
$$g(-1) = (-1+1)^2 + 4 = 4$$

$$f(0) = 0 + 0 + 5 = 5$$
$$g(0) = (0+1)^2 + 4 = 5$$

$$f(1) = 1^2 + 2(1) + 5 = 8$$
$$g(1) = (1+1)^2 + 4 = 8$$

두 함수 $f : A \to B$, $g : B \to C$에 대하여 함수 $g \circ f$를 f와 g의 합성함수라고 한다.

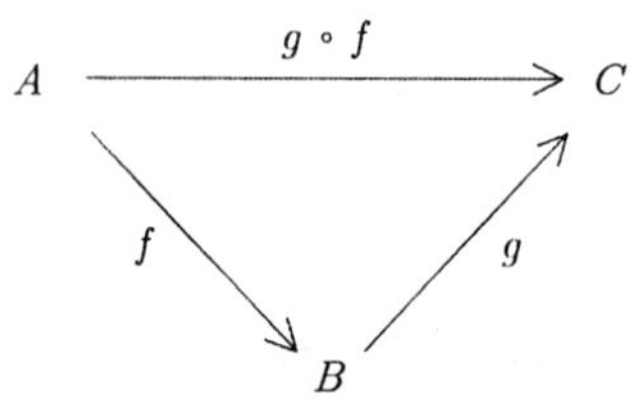

$$g \circ f : A \to C$$
$$(g \circ f)(x) = g(f(x))$$

그림 2-2

■ 예제 5 ■ 두 함수 $f(x) = 2x^2$, $g(x) = x + 3$에 대하여 두 합성함수 $g \circ f$는 다음과 같이 정의할 수 있다.

$$(g \circ f)(x) = g(f(x)) = g(2x^2) = 2x^2 + 3$$
$$(f \circ g)(x) = f(g(x)) = f(x+3) = 2(x+3)^2$$

$$(g \circ f)(-1) = 2(-1)^2 + 3 = 5$$
$$(f \circ g)(-1) = 2(-1+3)^2 = 8$$

$$(g \circ f)(0) = 2(0)^2 + 3 = 3$$
$$(f \circ g)(0) = 2(0+3)^2 = 18$$

$$(g \circ f)(1) = 2(1)^2 + 3 = 5$$

$$(f \circ g)(1) = 2(1+3)^2 = 32$$

두 함수 $g \circ f$와 $f \circ g$는 서로 다르다.

세 함수 $f : A \to B$, $g : B \to C$, $h : C \to D$에 대하여 다음 등식이 성립한다.

$$h \circ (g \circ f) = (h \circ g) \circ f$$

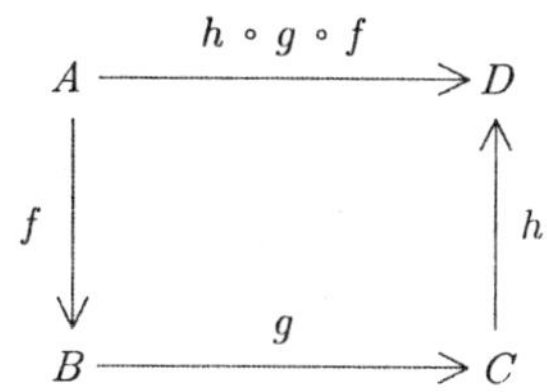

그림 2-3

정의 1 함수 $f : A \to B$에서 치역과 공역이 같고 집합 A의 임의의 원소 x_1, x_2에 대하여

$$x_1 \neq x_2 \Rightarrow f(x_1) \neq f(x_2)$$

또는 $f(x_1) = f(x_2) \Rightarrow x_1 = x_2$일 때, f를 **X에서 Y로의 일대일 대응(one-to-one correspondence)**이라고 한다.

■ 예제 6 ■ 집합 $A = \{a, b\}$에서 A로의 함수는 모두 네 가지가 있다.

① $f_1(a) = f_1(b) = a$

② $f_2(a) = f_2(b) = b$

③ $f_3(a) = a$, $f_3(b) = b$

④ $f_4(a) = b$, $f_4(b) = a$

이 중에서 일대일 대응은 f_3과 f_4이다.

■ 예제 7 ■ 집합 $A = \{a,\ b,\ c\}$에서 A로의 함수는 모두 $3^3 = 27$ 가지가 있으나 이 중에서 일대일 대응은 여섯 가지가 있다.

① $f_1(a) = a,\ f_1(b) = b,\ f_1(c) = c$

② $f_2(a) = a,\ f_2(b) = c,\ f_2(c) = b$

③ $f_3(a) = b,\ f_3(b) = a,\ f_3(c) = c$

④ $f_4(a) = b,\ f_4(b) = c,\ f_4(c) = a$

⑤ $f_5(a) = c,\ f_5(b) = a,\ f_5(c) = b$

⑥ $f_6(a) = c,\ f_6(b) = b,\ f_6(c) = a$

정의 2 함수 $f : A \to B$가 일대일 대응일 때, B의 임의의 원소 y에 대하여 $y = f(x)$인 A의 원소 x가 단 하나 존재한다.

B의 각 원소 y에 대하여 $f(x) = y$인 A의 원소 x를 대응시키면 B에서 A로의 새로운 함수를 얻을 수 있다. 이 새로운 함수를 f의 **역함수(inverse function)**라 하고 $f^{-1} : B \to A$로 나타낸다.

즉, $f^{-1}(y) = x \iff f(x) = y$

$f^{-1}(x) = y \iff f(y) = x$

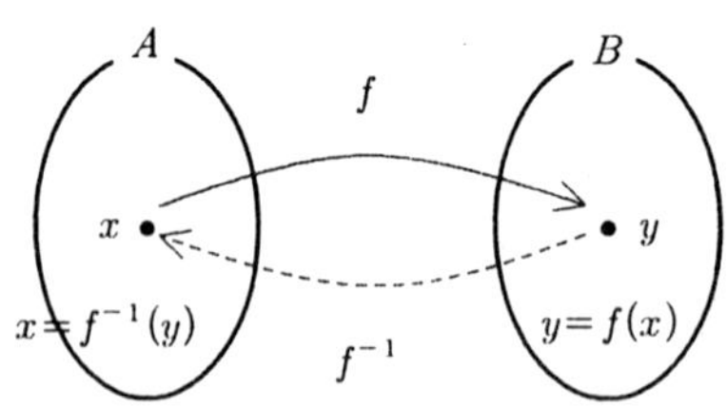

그림 2-4

함수 $f : A \to B$가 일대일 대응이면, f의 역함수 $f^{-1} : B \to A$도 일대일 대응이고 $(f^{-1})^{-1} = f$이다.

■ 예제 8 ■ 다음 함수는 일대일 대응이다.

$$f : \{a,\ b,\ c\} \to \{a,\ b,\ c\}$$
$$f(a) = c,\ f(b) = a,\ f(c) = b$$

이때 f의 역함수 f^{-1}은 다음과 같이 정의된다.

$$f^{-1} : \{a,\ b,\ c\} \to \{a,\ b,\ c\}$$
$$f^{-1}(a) = b,\ f^{-1}(b) = c,\ f^{-1}(c) = a$$

연습문제 • 1

1. 함수 f를 다음과 같이 정의하였다.

$$f(x) = \begin{cases} 1 & (x \geq 0) \\ -1 & (x < 0) \end{cases}$$

① $f(-1)$, $f(0)$, $f(1)$의 값을 구하시오.

② f의 정의역과 치역을 구하시오.

2. 실수 전체의 집합에서 정의된 두 함수 $f(x) = x^2 + 3$, $g(x) = 2x - 1$에 대하여 다음 합성함수를 구하시오.

① $(f \circ g)(x)$ ② $(f \circ g)(3)$

③ $(g \circ f)(x)$ ④ $(g \circ f)(-2)$

3. 함수 $f : \mathbb{R} \to \mathbb{R}$를

$$f\left(\frac{x-1}{x+1}\right) = \frac{x-4}{x+4}$$

로 정의할 때 다음을 구하시오.

① $f(3)$ ② $f(-1)$

4. 다음 함수의 역함수를 정의하시오.

① $f : \{1, 2, 3\} \to \{a, b, c\}$

$f(1) = b$, $f(2) = c$, $f(3) = a$

② $f : \{1, 2, 3\} \to \{a, b, c\}$

$f(1) = c$, $f(2) = b$, $f(3) = a$

5. 다음 함수의 역함수를 구하시오.

① $f(x) = x + 2$ ② $f(x) = x^2 - 2\ (x \geq 0)$

2-2 다 항 함 수

함수 $f : A \to B$에서, 각 실수 $x \in A$에 대하여 $y = f(x)$라 할 때, x가 변하면 y의 값도 함께 변하게 된다. 이때 x를 함수 f의 독립변수라 하고 y를 f의 종속변수라고 한다. 함수 f가 한 개의 독립변수를 가지고 있으므로 f를 일변수함수라 하며 방정식 $y = f(x)$로 정의하고 "y는 x의 함수"라고 부른다.

함수 $f : A \to B$에서 집합 $\{(x,\ f(x)) \in \mathbb{R}^2 \mid x \in A\}$를 f의 그래프(graph)라고 한다.

함수 f의 그래프를 좌표평면 위에 나타내면 평면곡선을 이루고 이 곡선을 "곡선 $y = f(x)$"라고 부른다.

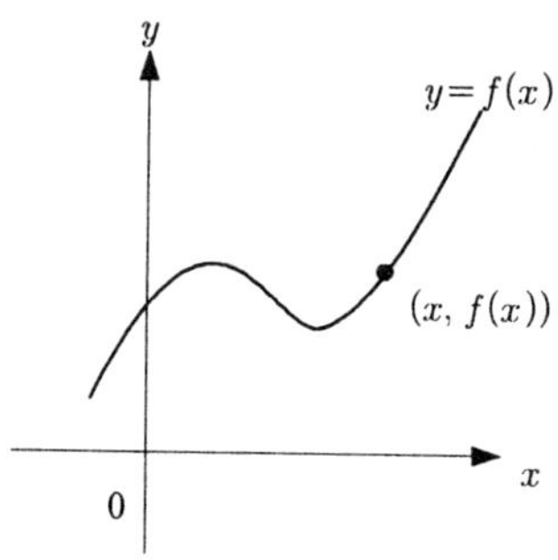

그림 2-5

실수를 계수로 가지는 n차 다항식

$$f(x) = ax^n + bx^{n-1} + \cdots + cx + d \quad (a \neq 0)$$

에 의해 정의되는 함수 $y = f(x)$를 n차의 다항함수(polynomial function)라고 한다.

(1) 일차함수

함수 $y = ax + b\,(a \neq 0)$를 일차함수라 하며 a는 기울기를 b는 y절편을 나타낸다.

■ 예제 1 ■ 일차함수 $y = x - 2$의 그래프를 작성하시오.

① 기울기가 1이고 y절편 -2이므로

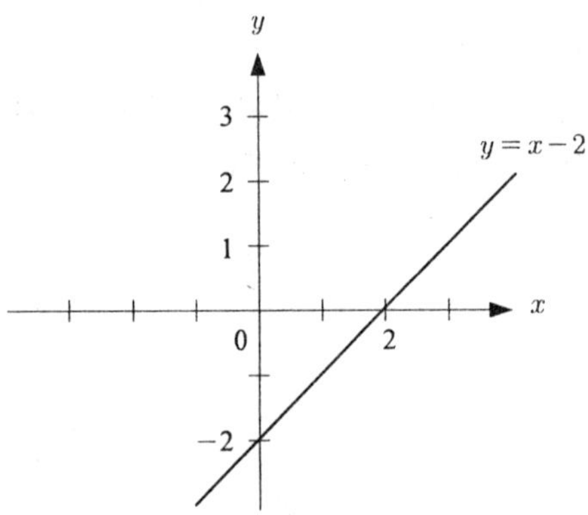

② x절편 : $y = 0$을 대입하면

$0 = x - 2 \quad \therefore x = 2$

y절편 : $x = 0$을 대입하면

$y = 0 - 2 \quad \therefore y = -2$

두 점 $(2, 0)$과 $(0, -2)$를 지나는 직선을 연결한다.

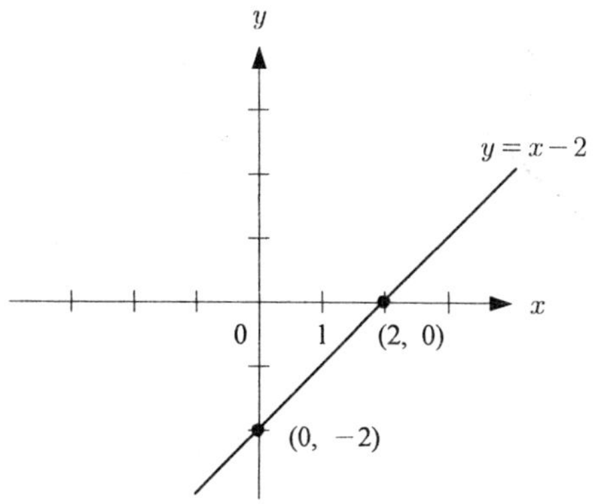

기울기는 수평거리와 수직거리의 비율로 구한다. 일차함수의 그래프에서 임의의 두 점을 (x_1, y_1), (x_2, y_2)라 하자.

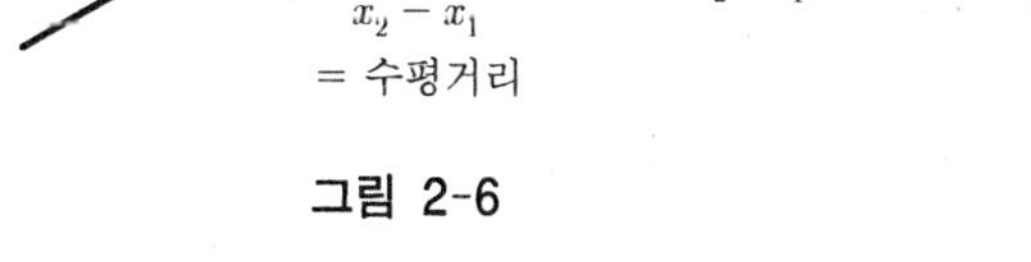

그림 2-6

$$\text{기울기} = \frac{y_2 - y_1}{x_2 - x_1} = \frac{y\text{값의 증가분}}{x\text{값의 증가분}} = \frac{\text{수직거리}}{\text{수평거리}}$$

일차함수 $y = ax + b$에서 직선의 기울기 a는 양(+), 음(−), 0으로 나타낸다.

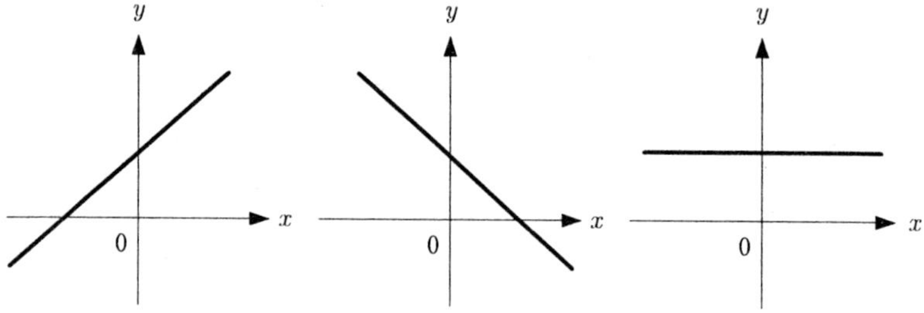

$a>0$: 증가함수 $a<0$: 감소함수 $a=0$: 상수함수

그림 2-7

■ 예제 2 ■ 기울기 2이고 점 (1, 4)를 지나는 직선의 방정식을 구하시오.

일차방정식 $y = ax + b$ 에서 $a = 2$ 이고 점 (1, 4)를 지나므로

$$y - 4 = 2(x - 1)$$

이다. 따라서 $y = 2x + 2$

■ 예제 3 ■ 두 점 (2, −1)과 (6, 1)을 지나는 직선의 방정식을 구하시오.

직선의 기울기

$$a = \frac{1-(-1)}{6-2} = \frac{2}{4} = \frac{1}{2}$$

점 (2, −1)을 지나므로

$$y - (-1) = \frac{1}{2}(x - 2)$$

따라서 $y = \frac{1}{2}x - 2$

■ 예제 4 ■ x절편이 4이고, y절편이 2인 직선의 방정식을 구하시오.

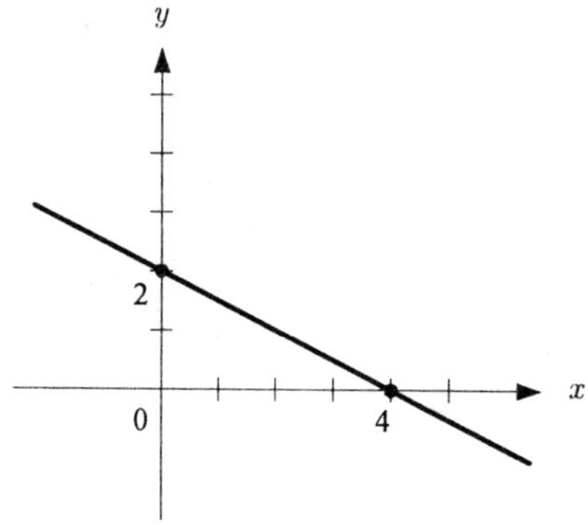

두 점 $(4, 0)$과 $(0, 2)$를 지나므로

$$\text{기울기} \quad a = \frac{2-0}{0-4} = -\frac{1}{2}$$

점 $(4, 0)$을 지나므로

$$y - 0 = -\frac{1}{2}(x-4)$$

따라서 $y = -\dfrac{1}{2}x + 2$

(2) 이차함수

함수 $y = ax^2 + bx + c\,(a \neq 0)$을 이차함수라 하며 이 그래프는 포물선으로 나타난다.

■ 예제 5 ■ 이차함수 $y = 2x^2 - 8$ 의 그래프를 그리시오.

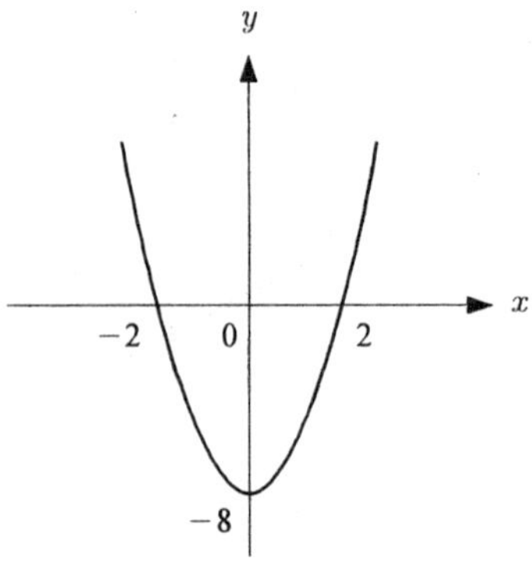

$$
\begin{aligned}
x \text{ 절편} : 2x^2 - 8 &= 2(x^2 - 4) \\
&= 2(x-2)(x+2) \\
&= 0 \\
\therefore x &= -2,\ 2
\end{aligned}
$$

y 절편 : -8

■ 예제 6 ■ 이차함수 $y = x^2 + 4x$ 의 그래프를 그리시오.

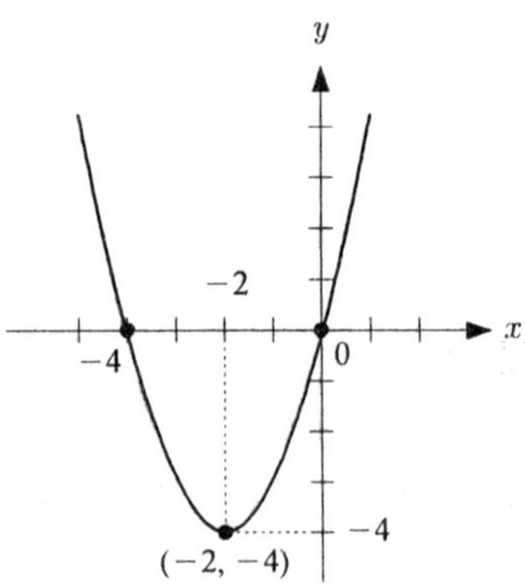

x 절편 : $x^2 + 4x = x(x+4) = 0$

$\therefore x = 0,\ -4$

y 절편 : 0

■ 예제 7 ■ 이차함수 $y = x^2 - x - 6$의 그래프를 그리시오.

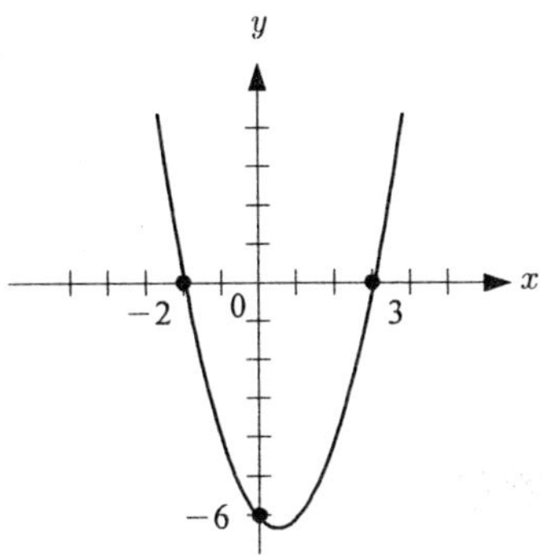

x 절편 : $x^2 - x - 6 = (x-3)(x+2) = 0$

$\therefore x = -2,\ 3$

y 절편 : -6

■ 예제 8 ■ 이차함수 $y = x^2 + 2x - 5$를 근의 공식을 이용하여 풀고 그래프를 작성하시오.

x 절편 : $x^2 + 2x - 5 = 0$

$$x = \frac{-2 \pm \sqrt{4+20}}{2} = \frac{-2 \pm \sqrt{24}}{2}$$

$$= \frac{-2 \pm 2\sqrt{6}}{2} = -1 \pm \sqrt{6}$$

y 절편 : -5

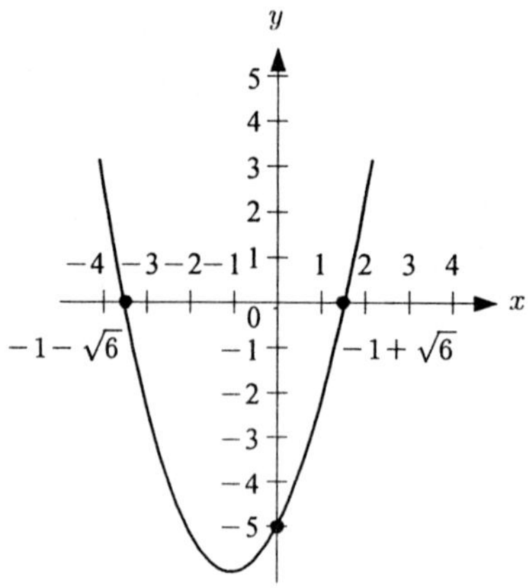

(3) 유리함수

두 다항식 $P(x)$, $Q(x)$의 몫으로 나타나는 식 $\dfrac{P(x)}{Q(x)}$를 유리식이라 하고, 유리식에 의해 정의되는 함수 $f(x) = \dfrac{P(x)}{Q(x)}$를 유리함수라고 한다. 유리함수의 정의역은 $\{x \in \mathbb{R} \mid Q(x) \neq 0\}$이다.

유리함수

$$f(x) = \frac{2x-1}{x-1} \quad (x \neq 1)$$

에서, 우변의 분자를 분모로 나누어 정리하면

$$f(x) = \frac{2x-1}{x-1} = \frac{2(x-1)+1}{x-1} = 2 + \frac{1}{x-1}$$

이 된다.

이 유리함수의 그래프는 직각쌍곡선으로 $x=1$과 $y=2$는 이 직각쌍곡선의 점근선(asymptote)이다.

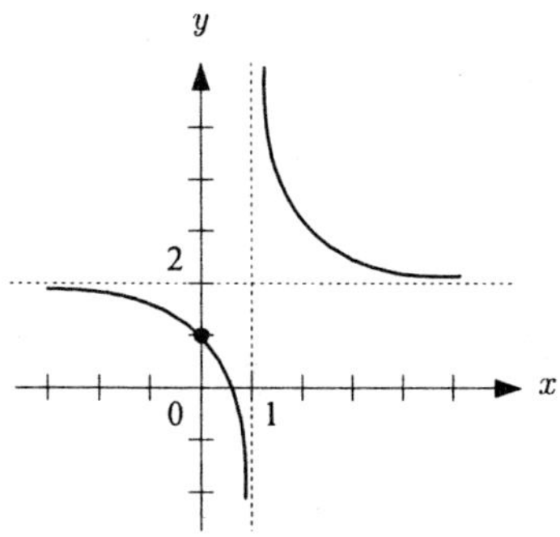

그림 2-8

일반적으로 함수 $f : A \to B$가 일대일 대응이면 함수 f의 역함수 $f^{-1} : B \to A$가 존재하고

$$y = f(x) \Leftrightarrow x = f^{-1}(y)$$

가 성립한다.

함수 $y = f(x)$의 그래프와 역함수 $y = f^{-1}(x)$의 그래프는 직선 $y=x$에 관하여 대칭이 된다.

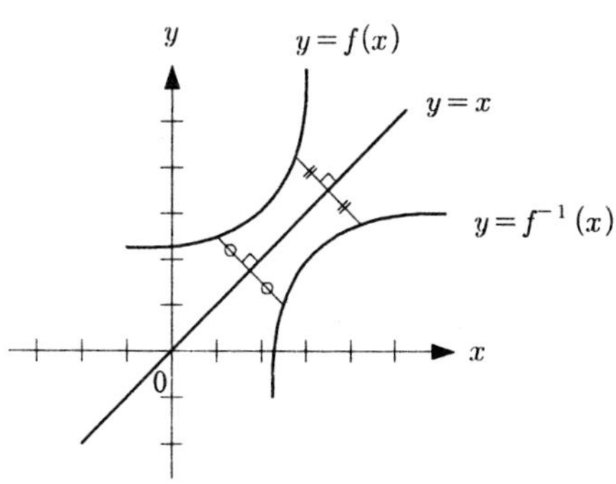

그림 2-9

■ 예제 9 ■ 함수 $f(x) = x^2$ $(x \geq 0)$은 일대일 대응이므로 역함수 f^{-1}은 존재한다.

$$y = x^2 \Rightarrow x = \sqrt{y} \quad (x \geq 0)$$

에서 x와 y를 교환하면

$$y = \sqrt{x} \quad (x \geq 0)$$

이 된다.

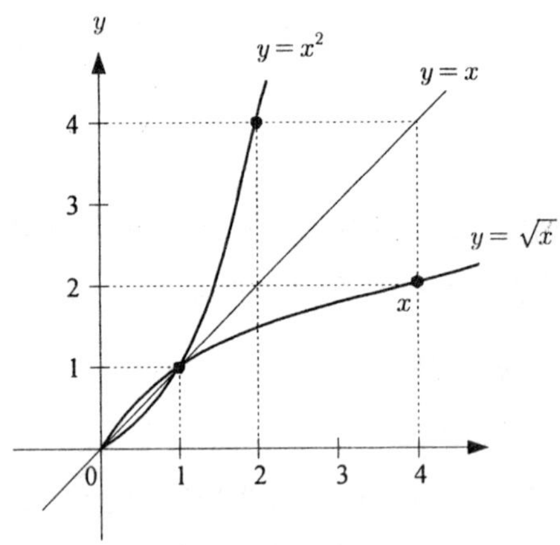

연습문제 • 2

1. 다음 함수의 정의역과 치역을 구하시오.

① $y = x + 2$ ② $y = \dfrac{2}{x+1}$

③ $y = \sqrt{4 - x^2}$ ④ $y = x^2 + 4x + 2$

2. 다음 함수의 그래프를 그리시오.

① $y = 2x - 2$ ② $y = -x + 2$

③ $y = |x|$ ④ $y = -|2x|$

⑤ $y = \dfrac{3}{x}$ ⑥ $y = -\dfrac{2}{x}$

3. 다음 함수의 그래프를 그리시오.

① $y = \dfrac{1}{x+1}$ ② $y = \dfrac{1}{x+2} - 1$

4. 다음 직선의 방정식을 구하시오.

① 기울기가 2이고 y 절편이 -2인 직선
② x 절편이 3이고 y 절편이 2인 직선
③ 기울기가 2이고 점 $(3, 5)$을 지나는 직선
④ 두 점 $(-2, 5)$, $(1, -4)$을 지나는 직선
⑤ 점 $(1, 4)$을 지나고 x축에 평행인 직선
⑥ 점 $(2, 5)$을 지나고 y축에 평행인 직선
⑦ 점 $(1, 3)$을 지나고 직선 $y = -3x + 1$과 평행인 직선

5. 함수 $f(x) = \sqrt{x-2}$ 에 대하여 정의역을 구하고 그래프를 그리시오.

6. 유리함수 $f(x) = \dfrac{2}{x-1} + 3$

① 함수 f의 그래프를 그리시오.

② 함수 f의 정의역과 치역을 구하시오.

③ 함수 f는 일대일 대응이다. 함수 f의 역함수 f^{-1}을 정의하시오.

제 3 장

미 분 법

3-1 함수의 극한

함수 $y=f(x)$에서 변수 x가 한없이 a에 접근할 때 함수값 $f(x)$가 일정한 값 α에 한없이 접근하는 것을 극한(limit)이라 하며 다음과 같이 나타낸다.

$$\lim_{x\to a} f(x)=\alpha$$

또는 $x\to a$일 때 $f(x)\to\alpha$

예제 1 함수 $f(x)=x^2+1$에서 변수 x가 한없이 2에 접근할 때 $f(x)$값의 변화는 다음과 같다.

①

x	1.9	1.95	1.99	1.999	⋯⋯→	2
$f(x)$	4.61	4.8024	4.9601	4.996001	⋯⋯→	5

②

x	2.1	2.05	2.01	2.001	⋯⋯→	2
$f(x)$	5.41	5.2025	5.0401	5.004001	⋯⋯→	5

이 표에서 x가 2에 한없이 접근하면 $f(x)$는 일정한 값 5에 접근하는 것을 알 수 있다. 즉, $x=2$에서 $f(x)=x^2+1$의 극한값은 5가 되며, 다음과 같이 나타낸다.

$x\to 2$일 때 $f(x)\to 5$

또는

$$\lim_{x\to 2} f(x)=\lim_{x\to 2}(x^2+1)=5$$

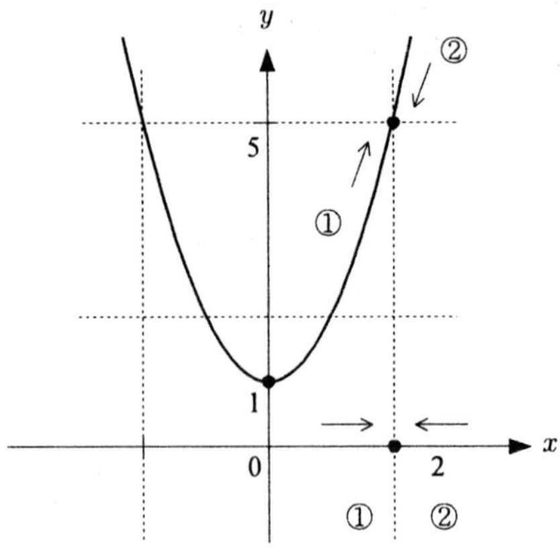

그림 3-1

여기서 표 ①과 ②는 각각 그림 ①과 ②의 경우로

$$\lim_{x \to 2-0} f(x) = 5, \quad \lim_{x \to 2+0} f(x) = 5$$

로 표시하기도 한다.

또한, $\lim_{x \to 2-0} f(x)$를 좌극한, $\lim_{x \to 2+0} f(x)$를 우극한이라 하며,

$$\lim_{x \to 2-0} f(x) = 5 = \lim_{x \to 2+0} f(x)$$

일 때

$$\lim_{x \to 2} f(x) = 5$$

로 나타내고 극한값이 존재한다고 한다.

일반적으로 좌극한과 우극한이 다른

$$\lim_{x \to a-0} f(x) \neq \lim_{x \to a+0} f(x)$$

의 경우에 극한값이 없다고 한다.

■ 예제 2 ■ $\lim_{x \to 2} \frac{x^2 - 4}{x - 2}$의 극한값을 구하시오.

$$f(x) = \frac{x^2 - 4}{x - 2} = \frac{(x-2)(x+2)}{x-2} = x + 2$$

(단, $x \neq 2$)

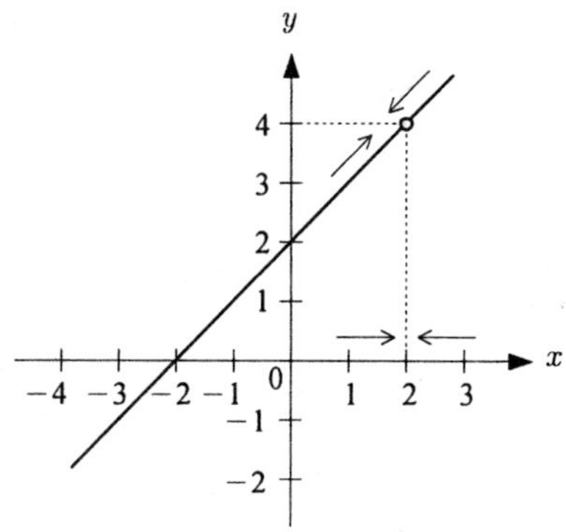

이 함수의 그래프에서 x가 2에 한없이 접근할 때 $f(x)$는 4에 수렴하게 되므로

$$\lim_{x \to 2} \frac{x^2 - 4}{x - 2} = \lim_{x \to 2}(x+2) = 4$$

■ 예제 3 ■ $\lim_{x \to \infty} \frac{1}{x}$의 극한값을 구하시오.

그래프에서 x가 ∞에 한없이 접근할 때 $f(x)$는 0에 수렴하게 되므로

$$\lim_{x \to \infty} \frac{1}{x} = 0$$

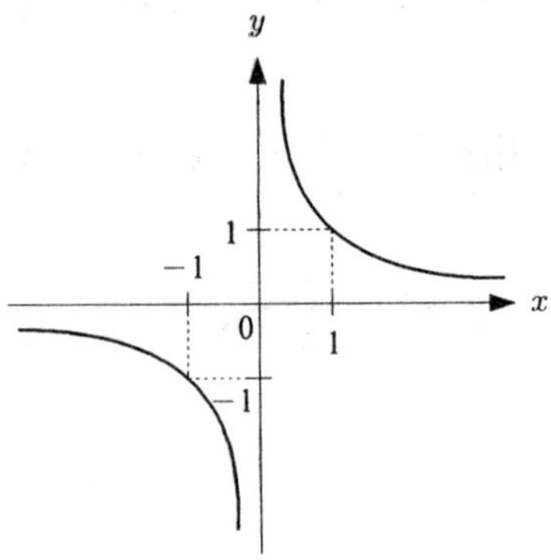

■ 예제 4 ■ 다음 함수의 극한값을 구하시오.

① $\lim_{x \to 2} 5$ ② $\lim_{x \to 1} (x^2 + 3)$

③ $\lim_{x \to 2} (x^2 - 3x)$ ④ $\lim_{x \to 2} \frac{x^2 + x - 6}{x - 2}$

⑤ $\lim_{x \to 0} \frac{x^2 - 2x}{3x}$ ⑥ $\lim_{x \to -1} \frac{x^3 + 1}{x + 1}$

■ 풀이 ■ ① $\lim_{x \to 2} 5 = 5$ ② $\lim_{x \to 1} (x^2 + 3) = 1^2 + 3 = 4$

③ $\lim_{x \to 2} (x^2 - 3x) = 2^2 - 3 \times 2 = 4 - 6 = -2$

④ $\lim_{x \to 2} \frac{x^2 + x - 6}{x - 2} = \lim_{x \to 2} \frac{(x + 3)(x - 2)}{x - 2} = \lim_{x \to 2} (x + 3) = 5$

⑤ $\lim_{x \to 0} \frac{x^2 - 2x}{3x} = \lim_{x \to 0} \frac{x - 2}{3} = \frac{0 - 2}{3} = -\frac{2}{3}$

⑥ $\lim_{x \to -1} \frac{x^3 + 1}{x + 1} = \lim_{x \to -1} \frac{(x + 1)(x^2 - x + 1)}{x + 1}$

$= \lim_{x \to -1} (x^2 - x + 1) = 3$

■ 예제 5 ■ 다음 함수의 극한값을 구하시오.

① $\lim_{x \to 1} \frac{-3}{(x-1)^2}$　　② $\lim_{x \to 0} \frac{1}{|x|}$

③ $\lim_{x \to \infty} (x-2)$　　④ $\lim_{x \to -\infty} \frac{2x+1}{x}$

⑤ $\lim_{x \to \infty} \left(1+\frac{1}{x^2}\right)$　　⑥ $\lim_{x \to 1} \frac{1}{(x-1)^2}$

■ 풀이 ■ ① $f(x) = \frac{-3}{(x-1)^2}$

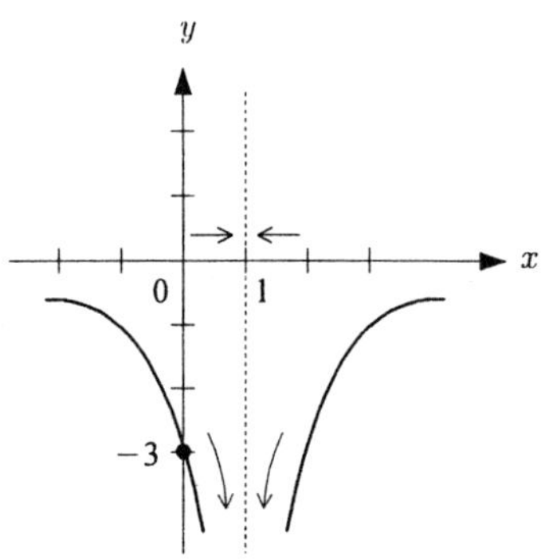

x가 1에 접근할 때

$f(x) = \frac{-3}{(x-1)^2}$

은 $-\infty$로 한없이 접근한다.

$\therefore \lim_{x \to 1} \frac{-3}{(x-1)^2} = -\infty$

② $f(x) = \frac{1}{|x|}$

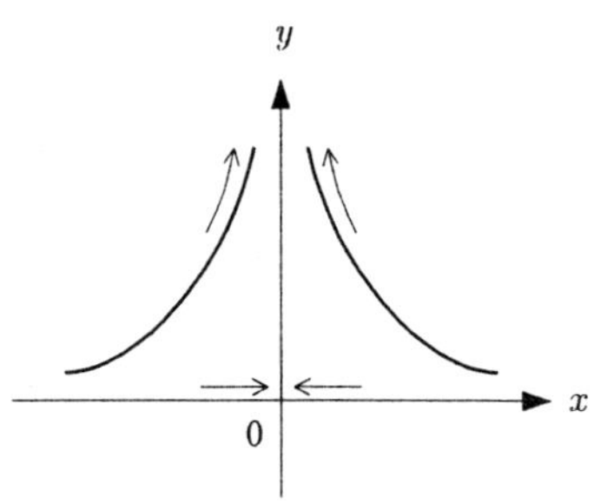

x가 0에 접근할 때 $f(x)$는 ∞에 한없이 접근한다.

$\therefore \lim_{x \to 0} \frac{1}{|x|} = \infty$

③ $f(x) = x - 2$

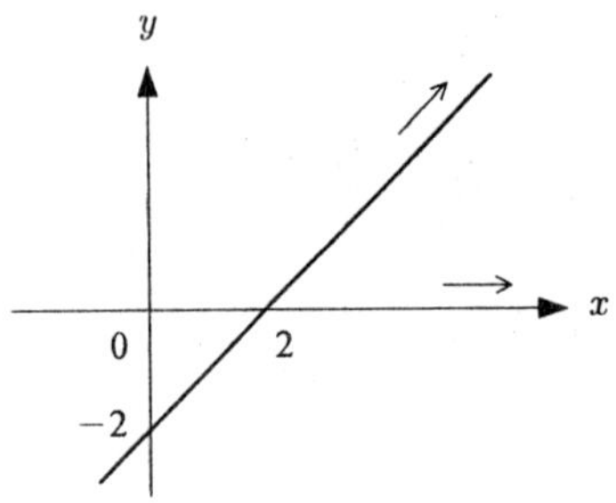

x가 ∞에 접근할 때 $f(x)$는 ∞에 한없이 접근한다.

$$\therefore \lim_{x \to \infty}(x-2) = \infty$$

④ $f(x) = \dfrac{2x+1}{x} = 2 + \dfrac{1}{x}$

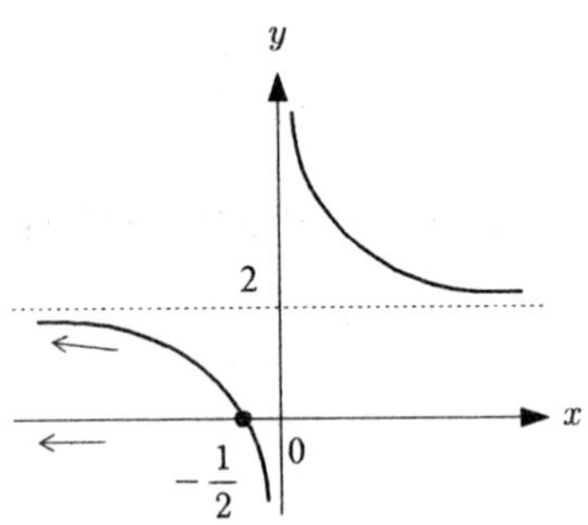

x가 $-\infty$에 접근할 때 $f(x)$는 2에 한없이 접근한다.

$$\therefore \lim_{x \to -\infty} \frac{2x+1}{x} = 2$$

⑤ $f(x) = 1 + \dfrac{1}{x^2}$

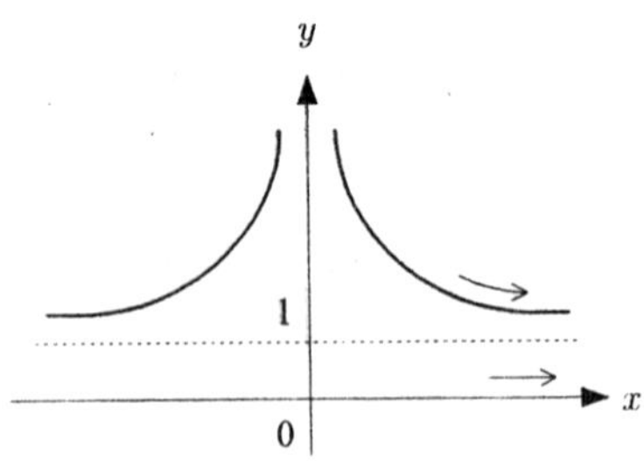

x가 ∞에 접근할 때 $f(x)$는 1에 한없이 접근한다.

$$\therefore \lim_{x \to \infty}\left(1 + \frac{1}{x^2}\right) = 1$$

⑥ $f(x) = \dfrac{1}{(x-1)^2}$

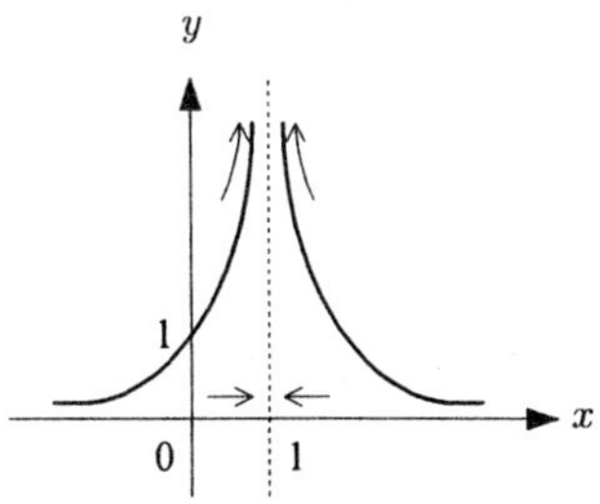

x가 1에 접근할 때 $f(x)$는 ∞로 한없이 접근한다.

$$\therefore \lim_{x \to 1} \frac{1}{(x-1)^2} = \infty$$

■ 예제 6 ■ $\displaystyle\lim_{x \to 0} \frac{1}{x}$ 의 극한값을 구하시오.

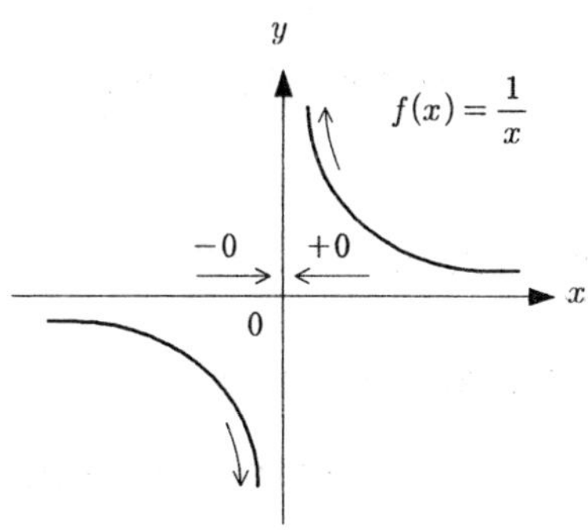

그림 3-2

■ 풀이 ■ 우극한 : $\displaystyle\lim_{x \to +0} \frac{1}{x} = \infty$

좌극한 : $\displaystyle\lim_{x \to -0} \frac{1}{x} = -\infty$

$$\lim_{x \to +0} \frac{1}{x} \neq \lim_{x \to -0} \frac{1}{x}$$

$\therefore$ $\displaystyle\lim_{x \to 0} \frac{1}{x}$ 의 극한값은 없다.

정리 1 **극한값의 성질**

$\lim_{x \to a} f(x) = L$, $\lim_{x \to a} g(x) = M$ 라 하면 다음 식이 성립한다.

① $\lim_{x \to a} k \cdot f(x) = k \cdot \lim_{x \to a} f(x) = kL$

② $\lim_{x \to a} \{f(x) \pm g(x)\} = \lim_{x \to a} f(x) \pm \lim_{x \to a} g(x) = L \pm M$

③ $\lim_{x \to a} f(x) \cdot g(x) = \lim_{x \to a} f(x) \cdot \lim_{x \to a} g(x) = LM$

④ $\lim_{x \to a} \dfrac{f(x)}{g(x)} = \dfrac{\lim_{x \to a} f(x)}{\lim_{x \to a} g(x)} = \dfrac{L}{M}$

⑤ $f(x) \leq g(x)$ 이면 $\lim_{x \to a} f(x) \leq \lim_{x \to a} g(x) \Rightarrow L \leq M$

■ 예제 7 ■ $\lim_{x \to 2} (3x^4 - x^3 + 2x^2 + 5)$ 을 구하시오.

■ 풀이 ■

$$\begin{aligned}
&\lim_{x \to 2} (3x^4 - x^3 + 2x^2 + 5) \\
&= \lim_{x \to 2} 3x^4 - \lim_{x \to 2} x^3 + \lim_{x \to 2} 2x^2 + \lim_{x \to 2} 5 \\
&= 3 \cdot 2^4 - 2^3 + 2 \cdot 2^2 + 5 \\
&= 48 - 8 + 8 + 5 \\
&= 53
\end{aligned}$$

■ 예제 8 ■ $\lim_{x \to \infty} \dfrac{x^2 + 2x - 5}{3x^2 + 1}$ 을 구하시오.

■ 풀이 ■ $\lim_{x \to \infty} \dfrac{x^2 + 2x - 5}{3x^2 + 1} = \lim_{x \to \infty} \dfrac{1 + \dfrac{2}{x} - \dfrac{5}{x^2}}{3 + \dfrac{1}{x^2}} = \dfrac{1}{3}$

연습문제 • 1

1. 다음 극한값을 구하시오.

① $\lim_{x \to 3} (x^2 - 2x + 5)$ ② $\lim_{x \to 1} \frac{x^2 - 1}{x - 1}$

③ $\lim_{x \to 1} \frac{x^3 + x - 2}{x^2 - 1}$ ④ $\lim_{x \to 0} \frac{x}{\sqrt{x+1} - 1}$

⑤ $\lim_{x \to 4} \frac{x^2 - 3x + 2}{x^2 - 5x + 6}$ ⑥ $\lim_{x \to 0} \frac{2x^2 + 3x}{x}$

2. 다음 극한값을 구하시오.

① $\lim_{x \to \infty} \frac{3x^2 + x - 4}{2x^2 - 5}$ ② $\lim_{x \to \infty} \frac{3x^2 + x - 2}{x + 1}$

③ $\lim_{x \to \infty} \frac{2x - 1}{\sqrt{1 + x^2} + 1}$ ④ $\lim_{x \to \infty} (x^2 - 3x + 2)$

⑤ $\lim_{x \to \infty} (\sqrt{x+2} - \sqrt{x})$ ⑥ $\lim_{x \to 3} \frac{x - 3}{\sqrt{x^2 + 1} - \sqrt{10}}$

3. 다음 식을 만족하는 상수 a, b의 값을 구하시오.

① $\lim_{x \to 1} \frac{x^2 + 2ax + b}{x - 1} = 3$

② $\lim_{x \to 3} \frac{a\sqrt{x-1} - b}{x - 3} = 2$

3-2 함수의 연속성

정의 1 함수 $f(x)$가 실수 a에 대하여

① $f(a)$가 존재하고
② $\lim_{x \to a} f(x)$가 존재하며
③ $\lim_{x \to a} f(x) = f(a)$

일 때, 함수 $f(x)$는 $x = a$에서 연속이라 한다.

함수 $f(x)$가 구간 내 모든 점에서 연속이면 $f(x)$는 구간에서 연속 또는 연속함수라 한다. 반면, 함수 $f(x)$가 정의 1 의 세 가지 조건 중 어느 하나라도 만족하지 않으면 $f(x)$는 $x = a$에서 불연속이라 한다.

■ 예제 1 ■ 함수 $f(x) = x^2 + 1$가 $x = 2$에서 연속임을 보이시오.

■ 풀이 ■ ① $f(2) = 2^2 + 1 = 5$
② $\lim_{x \to 2} f(x) = \lim_{x \to 2} (x^2 + 1) = 5$
③ $\lim_{x \to 2} f(x) = f(2)$

가 성립되어 $f(x)$는 $x = 2$에서 연속이다.

■ 예제 2 ■ 함수

$$f(x) = \begin{cases} \dfrac{x^2-4}{x-2} & (x \neq 2) \\ 2 & (x = 2) \end{cases}$$

가 $x=2$에서 연속인지 살펴보시오.

■ 풀이 ■

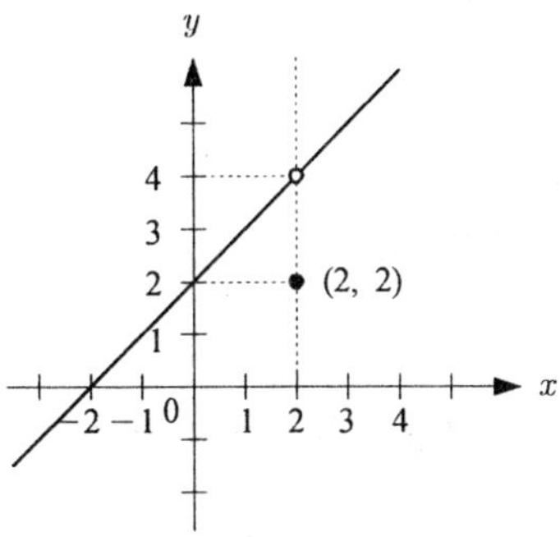

① $f(2) = 2$

② $\lim\limits_{x \to 2} f(x) = \lim\limits_{x \to 2} \dfrac{x^2-4}{x-2} = \lim\limits_{x \to 2}(x+2) = 4$

③ $\lim\limits_{x \to 2} f(x) \neq f(2)$

따라서 $f(x)$는 $x=2$에서 연속이 아니다.

정리 1 함수 $f(x)$와 $g(x)$가 $x=a$에서 연속이면

① $kf(x)$는 a에서 연속이다. (k는 상수)
② $f(x) \pm g(x)$도 a에서 연속이다.
③ $f(x) \cdot g(x)$도 a에서 연속이다.
④ $g(x) \neq 0$이면 $\dfrac{f(x)}{g(x)}$도 a에서 연속이다.

[증명] $\lim_{x \to a} f(x) = f(a)$, $\lim_{x \to a} g(x) = g(a)$가 성립되므로

① $\lim_{x \to a} \{kf(x)\} = k\lim_{x \to a} f(x) = kf(a)$ (k는 상수)

② $\lim_{x \to a} \{f(x) \pm g(x)\} = \lim_{x \to a} f(x) \pm \lim_{x \to a} g(x)$
$= f(a) \pm g(a)$

③ $\lim_{x \to a} \{f(x) \cdot g(x)\} = \lim_{x \to a} f(x) \cdot \lim_{x \to a} g(x)$
$= f(a) \cdot g(a)$

④ $\lim_{x \to a} \dfrac{f(x)}{g(x)} = \dfrac{\lim_{x \to a} f(x)}{\lim_{x \to a} g(x)} = \dfrac{f(a)}{g(a)}$

정리 2 **최대값 · 최소값의 정리**

함수 $f(x)$가 폐구간 $[a, b]$에서 연속이면 $f(x)$는 이 구간에서 반드시 최대값과 최소값을 가진다.

함수 $f(x) = x^2 + 1$에서 폐구간 $[1, 3]$과 개구간 $(1, 3)$의 경우

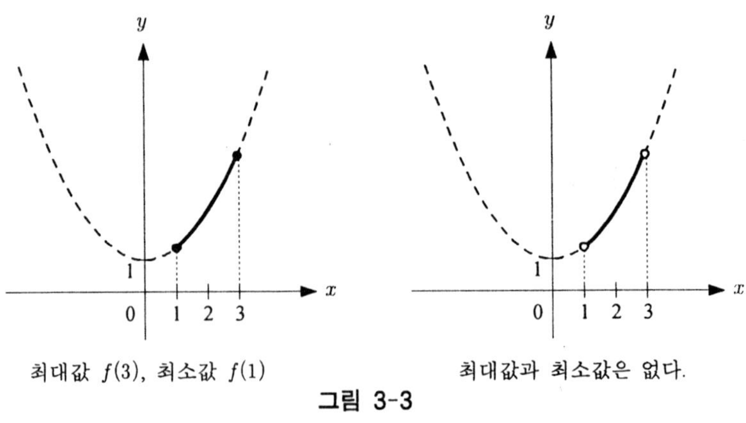

그림 3-3

정리 3 **중간값의 정리**

함수 $f(x)$가 폐구간 $[a, b]$에서 연속이고 $f(a) \neq f(b)$이면, $f(a)$와 $f(b)$ 사이에 있는 임의의 실수 k에 대하여 $f(c) = k$를 만족하는 c가 개구간 (a, b)에 적어도 하나 존재한다.

■ 예제 3 ■ 함수 $f(x) = x^2 - 2x$의 폐구간 $[0, 3]$에서 최대값과 최소값을 구하시오.

■ 풀이 ■ $f(x) = x^2 - 2x = (x^2 - 2x + 1) - 1 = (x-1)^2 - 1$의 그래프는 다음과 같다.

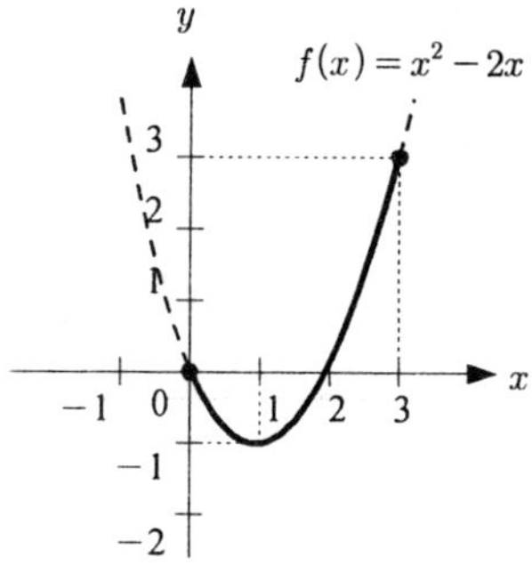

폐구간 $[0, 3]$에서 함수 $f(x)$는 $x=1$에서 최소값 -1을 가지고 $x=3$에서 최대값 3을 가진다.

■ 예제 4 ■ 함수 $f(x) = x - 2$는 구간 $(1, 3)$에서 적어도 하나의 실근을 가짐을 보이시오.

■ 풀이 ■

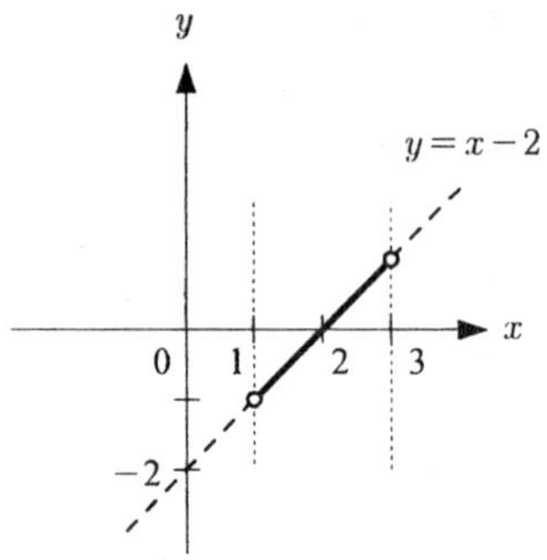

$f(x)$는 구간 $[1, 3]$에서 연속이다.

$f(1) < 0, \ f(3) > 0$

따라서, 중간값 정리에 의해 $f(x) = 0$은 구간 $(1, 2)$에서 적어도 하나의 실근을 갖는다.

연습문제 • 2

1. 다음 함수 $f(x)$ 중 $x=1$에서 연속인 것을 찾아보시오. 또한 함수 $f(x)$의 그래프를 그리시오.

① $f(x) = \dfrac{1}{x-1}$

② $f(x) = \begin{cases} x^2 & (x \neq 1) \\ 2 & (x = 1) \end{cases}$

③ $f(x) = \begin{cases} 2x-1 & (x \neq 1) \\ 2 & (x = 1) \end{cases}$

④ $f(x) = \begin{cases} \dfrac{x^2+2x-3}{x^2-1} & (x \neq 1) \\ 2 & (x = 1) \end{cases}$

2. 함수 $f(x) = \dfrac{4x^2-9}{2x-3}$ $\left(x \neq \dfrac{3}{2}\right)$라 할 때 $x = \dfrac{3}{2}$에서 $f(x)$가 연속이 되기 위한 $f\left(\dfrac{3}{2}\right)$의 값은 얼마인가?

3. 함수 $f(x) = \dfrac{\sqrt{2+x} - \sqrt{2-x}}{x}$가 구간 $(-4, 4)$에서 연속이 되기 위한 조건은 무엇인가?

3-3 도함수

함수 $y = f(x) = 2x$에서 x값이 1에서 2로 변하게 되면 y값은 2에서 4로 변하게 된다.

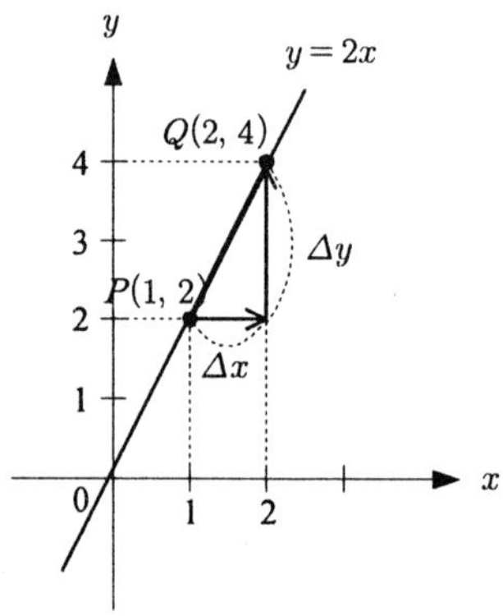

그림 3-4

x가 1에서 2로 변하면 $2-1=1$을 x의 증분(increment)이라 하고 Δx로 나타낸다. 또한 y는 2에서 4로 변하여 $4-2=2$를 y의 증분이라 하고 Δy로 나타낸다. 즉 $\Delta y = \Delta f$이다.

일반적으로 $y = f(x)$는 x가 x_1에서 x_2로 변하면 $y = f(x)$는 $f(x_1)$에서 $f(x_2)$로 변하게 된다. 즉

$$\begin{aligned} \Delta x &= x_2 - x_1 \\ \Delta y &= f(x_2) - f(x_1) \\ &= f(x_1 + \Delta x) - f(x_1) \end{aligned}$$

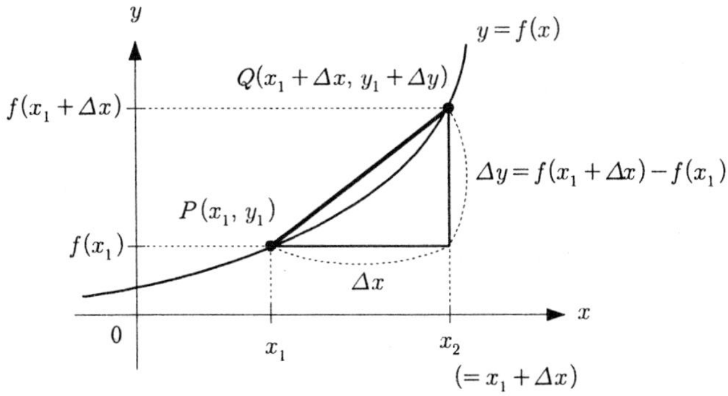

그림 3-5

$$\frac{\Delta y}{\Delta x} = \frac{f(x_2) - f(x_1)}{x_2 - x_1} = \frac{f(x_1 + \Delta x) - f(x_1)}{\Delta x}$$

함수 $y = f(x)$에서 x가 x_1부터 $x_1 + \Delta x$로 변할 때 $\frac{\Delta y}{\Delta x}$를 y의 평균변화율이라 부른다.

또한 극한값

$$\lim_{\Delta x \to 0} \frac{f(x_1 + \Delta x) - f(x_1)}{\Delta x}$$

이 존재하는 경우, 이 극한값을 $f(x)$의 x_1에서의 순간변화율 또는 미분계수라 부르고 $f'(x_1)$로 나타낸다. $f'(x_1)$이 존재하면 $f(x)$는 x_1에서 미분가능(differentiable)하다고 한다.

평균변화율 $\frac{\Delta y}{\Delta x}$는 곡선 $y = f(x)$ 위의 두 점 $P(x_1,\ f(x_1))$와 $Q(x_1 + \Delta x,\ f(x_1 + \Delta x))$를 잇는 직선 PQ의 기울기이다.

$f(x)$가 x_1에서 미분가능한 경우 Δx가 0에 무한히 접근할 때

직선 PQ는 $(x_1, f(x_1))$에서 곡선 $y = f(x)$의 접선에 접근하므로 $f'(x_1)$은 이 접선의 기울기를 나타낸다.

■ 예제 1 ■ 함수 $f(x) = x^2 + 3$에서 x가 2에서 7까지 변할 때 f의 증분을 구하시오.

■ 풀이 ■ $x_1 = 2,\ \Delta x = 7 - 2 = 5$

$$\begin{aligned} \Delta f &= f(x_1 + \Delta x) - f(x_1) \\ &= f(2+5) - f(2) \\ &= (7^2 + 3) - (2^2 + 3) \\ &= 45 \end{aligned}$$

■ 예제 2 ■ 다음 함수에서 x가 1에서 5까지 변할 때 평균변화율을 구하시오.

① $f(x) = x + 3$　　② $g(x) = \sqrt{x-1}$

■ 풀이 ■

① $\dfrac{\Delta y}{\Delta x} = \dfrac{f(5) - f(1)}{5 - 1} = \dfrac{(5+3) - (1+3)}{4} = \dfrac{4}{4} = 1$

② $\dfrac{\Delta y}{\Delta x} = \dfrac{g(5) - g(1)}{5 - 1} = \dfrac{\sqrt{5-1} - \sqrt{1-1}}{4} = \dfrac{2 - 0}{4} = \dfrac{1}{2}$

■ 예제 3 ■ 함수 $f(x) = x^2$에서 $x_1 = 3$일 때 미분계수를 구하시오.

■ 풀이 ■

$$\begin{aligned} f'(3) &= \lim_{\Delta x \to 0} \frac{f(3+\Delta x) - f(3)}{\Delta x} = \lim_{\Delta x \to 0} \frac{(3+\Delta x)^2 - 3^2}{\Delta x} \\ &= \lim_{\Delta x \to 0} \frac{9 + 6\Delta x + \Delta x^2 - 9}{\Delta x} = \lim_{\Delta x \to 0} \frac{\Delta x(6 + \Delta x)}{\Delta x} \\ &= \lim_{\Delta x \to 0} (6 + \Delta x) = 6 \end{aligned}$$

■ 예제 4 ■ 함수 $f(x) = \dfrac{1}{x}$에서 $x_1 \neq 0$일 때 미분계수를 구하시오.

■ 풀이 ■

$$\frac{f(x_1 + \Delta x) - f(x_1)}{\Delta x} = \frac{1}{\Delta x}\left\{\frac{1}{x_1 + \Delta x} - \frac{1}{x_1}\right\}$$

$$= -\frac{1}{x_1(x_1 + \Delta x)}$$

$$f'(x_1) = \lim_{\Delta x \to 0} -\frac{1}{x_1(x_1 + \Delta x)} = -\frac{1}{{x_1}^2}$$

정의 1 함수 $y = f(x)$에서 $f(x)$가 미분가능한 각 점 x에 미분계수 $f'(x)$를 대응시키는 함수를 $f(x)$의 도함수 (derivative)라 하고 $f'(x)$ 또는 $\dfrac{df}{dx}$로 나타낸다.

함수 $f(x)$에서 도함수 $f'(x)$를 계산하는 것을 $f(x)$를 x에 관하여 미분한다(differentiate)고 하고, 그 계산법을 미분법이라 한다.

함수 $f(x)$가 $y = f(x)$로 주어졌을 때, 도함수를

$$y', \ \frac{dy}{dx}, \ f'(x), \ \frac{d}{dx}f(x)$$

등으로 나타내기도 한다.

■ 예제 5 ■ 함수 $f(x) = \sqrt{x}$의 도함수를 구하시오.

■ 풀이 ■

$$f'(x) = \lim_{\Delta x \to 0} \frac{f(x + \Delta x) - f(x)}{\Delta x}$$

$$= \lim_{\Delta x \to 0} \frac{\sqrt{x + \Delta x} - \sqrt{x}}{\Delta x}$$

$$= \lim_{\Delta x \to 0} \frac{x + \Delta x - x}{\Delta x(\sqrt{x + \Delta x} + \sqrt{x})}$$

$$= \lim_{\Delta x \to 0} \frac{1}{\sqrt{x + \Delta x} + \sqrt{x}}$$

$$= \frac{1}{2\sqrt{x}}$$

여기서 $f(x)$의 정의역은 $[0, \infty)$이고, $f'(x)$의 정의역은 $(0, \infty)$이다.

■ 예제 6 ■ 함수 $f(x) = c$(c : 상수)의 도함수를 구하시오.

■ 풀이 ■

$$\frac{f(x + \Delta x) - f(x)}{\Delta x} = \frac{c - c}{\Delta x} = 0$$

$$\therefore \quad f'(x) = 0$$

■ 예제 7 ■ 함수 $f(x) = x^n$(n : 양의 정수)에서 모든 x에 대하여 도함수를 구하시오.

■ 풀이 ■

$$\frac{f(x + \Delta x) - f(x)}{\Delta x} = \frac{(x + \Delta x)^n - x^n}{\Delta x}$$

$$= \frac{1}{\Delta x}\left\{x^n + nx^{n-1} \cdot \Delta x + \frac{n(n-1)}{2!}x^{n-2} \cdot \Delta x^2 + \cdots + \Delta x^n - x^n\right\}$$

$$= nx^{n-1} + \frac{n(n-1)}{2!}x^{n-2} \cdot \Delta x + \cdots + \Delta x^{n-1}$$

$$\therefore \quad f'(x) = \lim_{\Delta x \to 0} \frac{f(x + \Delta x) - f(x)}{\Delta x} = nx^{n-1}$$

함수 $f(x)$가 미분가능하면 도함수 $f'(x)$도 새로운 함수가 된다. 함수 $f'(x)$가 미분가능하면 $f'(x)$의 도함수 $(f'(x))'$를 $f(x)$의 2차도함수(second derivative)라 하고 $f''(x)$로 나타낸다.

같은 방법으로 $f''(x)$가 미분가능하면 도함수 $(f''(x))'$을 $f(x)$의 3차도함수라 하고 $f'''(x)$로 나타낸다.

함수 $f(x)$가 n번 미분가능하다면 n차도함수가 가능하고 $f^{(n)}(x)$로 나타낸다.

일반적으로 2차 이상의 도함수를 고차도함수라 부르고 다음과 같이 나타내기도 한다.

$$\frac{d^2f}{dx^2},\ \frac{d^3f}{dx^3},\ \cdots,\ \frac{d^nf}{dx^n}$$

■ 예제 8 ■ 함수 $f(x) = x^2 + 3x$의 도함수를 정의하고 $x = 1$에서 미분계수를 구하시오.

■ 풀이 ■

$$\begin{aligned}\frac{f(x+\Delta x)-f(x)}{\Delta x} &= \frac{\{(x+\Delta x)^2+3(x+\Delta x)\}-(x^2+3x)}{\Delta x}\\ &= \frac{(\Delta x)^2+2x\cdot\Delta x+3\Delta x}{\Delta x}\\ &= \Delta x+2x+3\end{aligned}$$

$$\therefore\quad f'(x) = \lim_{\Delta x\to 0}(\Delta x+2x+3) = 2x+3$$

또한, $f'(1) = 2\times 1+3 = 5$

연습문제 • 3

1. 함수 $f(x)$의 주어진 구간에서 평균변화율을 구하시오.

① $f(x) = 2x^2 + 1$ $[1, 3]$

② $f(x) = x^2 - 8x + 12$ $[5, 7]$

2. 다음 함수를 미분계수의 정의에 의해 구하시오.

① $f(x) = x^2 + 3$ $(x = 4)$

② $f(x) = \dfrac{1}{\sqrt{x}}$ $(x = 2)$

③ $f(x) = \sqrt{x}$ $(x = 4)$

④ $f(x) = \dfrac{1}{x^2}$ $(x = 3)$

3. 다음 함수의 경우 주어진 점에서 접선의 기울기를 구하시오.

① $f(x) = x^2 + 2x$ $(2, 8)$

② $f(x) = x^3 + 1$ $(1, 2)$

③ $f(x) = \dfrac{1}{x+1}$ $\left(3, \dfrac{1}{4}\right)$

④ $f(x) = \sqrt{x-2}$ $(6, 2)$

4. $f(x) = 2x^3$일 때

① $f'(x)$, $f'(2x)$를 구하시오.

② $f'(f(x))$, $f(f'(x))$를 구하시오.

③ $g(x) = f(2x)$일 때 $g'(x)$를 구하시오.

3-4 미 분 법

미분가능한 두 함수의 합, 차, 곱, 몫도 미분가능하다는 것을 앞에서 살펴보았다.

정리 1 두 함수 $f(x)$와 $g(x)$가 미분가능할 때 다음 미분공식이 성립한다.

① $y = c$ (c : 상수) $\Rightarrow$ $y' = 0$

② $y = cf(x)$ $\Rightarrow$ $y' = cf'(x)$

③ $y = x^n$ (n : 자연수) $\Rightarrow$ $y' = nx^{n-1}$

④ $y = f(x) \pm g(x)$ $\Rightarrow$ $y' = f'(x) \pm g'(x)$

⑤ $y = f(x) \cdot g(x)$ $\Rightarrow$

$$y' = f'(x)g(x) + f(x)g'(x)$$

⑥ $y = \dfrac{f(x)}{g(x)}$ $(g(x) \neq 0)$ $\Rightarrow$

$$y' = \frac{f'(x)g(x) - f(x)g'(x)}{(g(x))^2}$$

■ 예제 1 ■ 다음 함수를 미분하시오.

① $y = 5x^3$ ② $y = -3x^{-4}$

③ $y = 2x^4 + x^2 + 3x - 5$

④ $y = 3(x^2 + 2x + 1)$

■ 풀이 ■ ① $y' = 15x^2$

② $y' = -3(-4)x^{-5} = 12x^{-5}$

③ $y' = 8x^3 + 2x + 3$

④ $y' = 3(2x+2) = 6(x+1)$

■ 예제 2 ■ 다음 함수를 미분하시오.

① $y = (2x+3)(x^2+1)$

② $y = x(x+1)(x+2)$

■ 풀이 ■ ① $y' = (2x+3)'(x^2+1) + (2x+3)(x^2+1)'$

$= 2(x^2+1) + (2x+3)(2x)$

$= 6x^2 + 6x + 2$

② $y' = x'(x+1)(x+2) + x(x+1)'(x+2)$
$\quad + x(x+1)(x+2)'$

$= (x+1)(x+2) + x(x+2) + x(x+1)$

$= 3x^2 + 6x + 2$

■ 예제 3 ■ 다음 함수를 미분하시오.

① $y = \dfrac{1}{x^2 + 2x + 3}$ ② $y = \dfrac{x}{3x^2 + 2}$

③ $y = \dfrac{1}{(x^2 - 2x)^3}$

■ 풀이 ■ ① $y' = \dfrac{(1)'(x^2+2x+3) - 1(x^2+2x+3)'}{(x^2+2x+3)^2}$

$= \dfrac{-2x-2}{(x^2+2x+3)^2}$

② $y' = \dfrac{x'(3x^2+2) - x(3x^2+2)'}{(3x^2+2)^2}$

$= \dfrac{3x^2+2-6x^2}{(3x^2+2)^2} = \dfrac{-3x^2+2}{(3x^2+2)^2}$

③ $y' = \dfrac{(1)'(x^2-2x)^3 - \{(x^2-2x)^3\}'}{(x^2-2x)^6}$

$= \dfrac{-3(x^2-2x)^2(2x-2)}{(x^2-2x)^6} = \dfrac{-6(x-1)(x^2-2x)^2}{(x^2-2x)^6}$

두 변수 x와 y를 포함하는 방정식

$$F(x, y) = 0$$

이 어떤 구간에서 함수 $y = f(x)$를 정의해 주는 음함수의 미분법에 대해 공부해 보자. 예를 들어

$$F(x, y) = x^2 + y^2 - 4 = 0$$

은 구간 $[-2, 2]$에서 두 함수

$$y = \pm\sqrt{4 - x^2}$$

을 정의해 준다. 방정식이 어떤 함수 $y = f(x)$를 정의해 줄 때 y를 x의 음함수라 한다. 이때 도함수 $\dfrac{dy}{dx}$는 $y = f(x)$를 구하지 않고 방정식 양변을 x로 미분하여 구한다. 이러한 방법을 음함수의 미분법이라 한다.

■ 예제 4 ■ 방정식 $2x^3 + x^2y - 5y^3 = 0$의 도함수 $\dfrac{dy}{dx}$를 구하시오.

■ 풀이 ■ 양변을 x로 미분하면

$$6x^2 + 2xy + x^2\frac{dy}{dx} - 15y^2\frac{dy}{dx} = 0$$

$$(x^2 - 15y^2)\frac{dy}{dx} = -6x^2 - 2xy, \quad \therefore \frac{dy}{dx} = \frac{6x^2 + 2xy}{15y^2 - x^2}$$

■ 예제 5 ■ 다음 음함수의 도함수 $\frac{dy}{dx}$를 구하시오.

① $x^2 + 3y^2 - 5 = 0$ ② $5x^3 + 3x^2y^2 = 1$

③ $3x^2y = 0$ ④ $x^2 + 3xy + 2y^4 = 0$

■ 풀이 ■ ① $2x + 6y \cdot \frac{dy}{dx} = 0$, $\therefore \frac{dy}{dx} = -\frac{x}{3y}$

② $15x^2 + 6xy^2 + 6x^2y \cdot \frac{dy}{dx} = 0$

$$\therefore \frac{dy}{dx} = -\frac{15x^2 + 6xy^2}{6x^2y} = -\frac{5x + 2y^2}{2xy}$$

③ $6xy + 3x^2 \frac{dy}{dx} = 0$, $\therefore \frac{dy}{dx} = -\frac{2y}{x}$

④ $2x + 3y + 3x \cdot \frac{dy}{dx} + 8y^3 \cdot \frac{dy}{dx} = 0$

$$\therefore \frac{dy}{dx} = \frac{-2x - 3y}{3x + 8y^3}$$

■ 예제 6 ■ 다음 함수를 미분하시오.

① $y = (3 - 2x)^3$ ② $y = (2x^3 + 5)^2$

③ $y = \sqrt{2x^2 + 3x}$ ④ $y = (x^2 + 3x + 2)^{\frac{3}{2}}$

■ 풀이 ■ ① $u = 3 - 2x$라 하면 $y = u^3$

$$\frac{dy}{dx} = 3u^2 \cdot u' = 3(3-2x)^2(-2)$$
$$= -6(3 - 2x)^2$$

② $u = 2x^3 + 5$라 하면 $y = u^2$

$$\frac{dy}{dx} = 2u \cdot u' = 2(2x^3 + 5)(6x^2)$$
$$= 12x^2(2x^3 + 5)$$

③ $u = 2x^2 + 3x$ 라 하면 $y = u^{\frac{1}{2}}$

$$\frac{dy}{dx} = \frac{1}{2}u^{-\frac{1}{2}} \cdot u' = \frac{1}{2}(2x^2 + 3x)^{-\frac{1}{2}}(4x + 3)$$

$$= \frac{4x + 3}{2\sqrt{2x^2 + 3x}}$$

④ $u = x^2 + 3x + 2$ 라 하면 $y = u^{\frac{3}{2}}$

$$\frac{dy}{dx} = \frac{3}{2}u^{\frac{1}{2}} \cdot u' = \frac{3}{2}(2x + 3)\sqrt{x^2 + 3x + 2}$$

연습문제 • 4

1. 다음 함수를 미분하시오.

① $y = 3x^2 - 2x + 1$ ② $y = (x^3 + 5x)^2$

③ $y = \dfrac{1}{x^4 - 2x^3}$ ④ $y = \sqrt{x+1}$

2. 다음 함수를 미분하시오.

① $y = (x+2)(3x^4 + x^2 + 5)$

② $y = \dfrac{x^2 + 3}{x^3 + 5}$

③ $y = (x+2)(x^2 + x)(2x^3 + 5)$

④ $y = \dfrac{(x+2)(x^2+1)}{2x+3}$

3. 다음 함수를 미분하시오.

① $y = \sqrt{3x^2 + 4x + 5}$ ② $y = 5(2x^3 + 5x)^2$

③ $y = \dfrac{1}{(x^2 + 3x)^3}$ ④ $y = \dfrac{x^2}{(2x+3)^3}$

4. 음함수의 미분법을 이용하여 $\dfrac{dy}{dx}$를 구하시오.

① $x^3 y = 5$ ② $x^2 - 3xy + 2y^2 = 0$

③ $\dfrac{y}{x^2} + \dfrac{x}{y} = 2$ ④ $x^2 = y\sqrt{1+2y}$

제 4 장

미분법의 응용

4-1 접선의 방정식

곡선 $y = f(x)$ 위의 점 $(a, f(a))$에서 접선(tangent)의 기울기는 $m = f'(a)$가 되어 접선의 방정식은

$$y - f(a) = f'(a)(x - a)$$

가 된다.

이때, 접선이 x축의 양의 방향과 이루는 각을 θ라 하면

$$f'(a) = \tan\theta$$

가 된다.

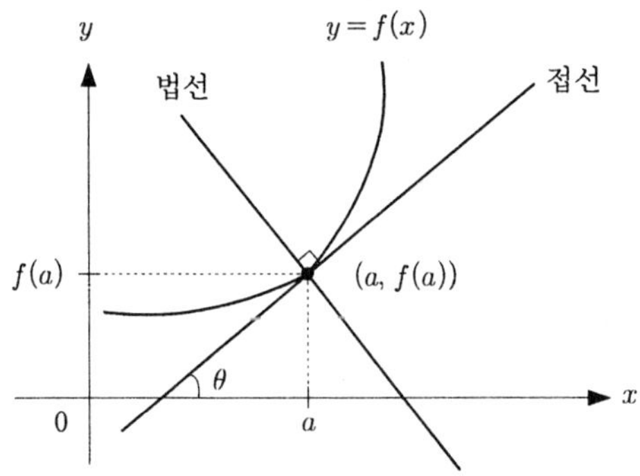

그림 4-1

또한 접선과 수직으로 교차하는 법선(normal)의 기울기는 $-\dfrac{1}{f'(a)}$가 되어 법선의 방정식은

$$y - f(a) = -\frac{1}{f'(a)}(x-a)$$

가 된다.

■ 예제 1 ■

함수 $f(x) = 2x^2 + 4x - 3$ 위의 점 $(1, 3)$에서 접선과 법선의 방정식을 구하시오.

■ 풀이 ■ $f(x) = 2x^2 + 4x - 3$ 에서 $f'(x) = 4x + 4$

점 $(1, 3)$에서 접선의 기울기는

$$f'(1) = 4 \times 1 + 4 = 8$$

따라서 접선의 방정식은

$$y - 3 = 8(x-1), \qquad \therefore \quad y = 8x - 5$$

또한 법선의 방정식은

$$y - 3 = -\frac{1}{8}(x-1), \quad \therefore \quad y = -\frac{1}{8}x + \frac{25}{8}$$

■ 예제 2 ■ 함수 $f(x) = 3x^2 - 4x$ 에서 기울기가 2가 되는 접선의 방정식을 구하시오.

■ 풀이 ■ $f(x) = 3x^2 - 4x$

$f'(x) = 6x - 4$ 에서 기울기가 2이므로

$$6x - 4 = 2 \Rightarrow x = 1$$

$x = 1$일 때

$$f(1) = 3 - 4 = -1$$

이므로 접점의 좌표는 $(1, -1)$, 따라서

$$y+1=2(x-1)$$
$$\therefore \quad y=2x-3$$

■ 예제 3 ■ 함수 $f(x)=x^2+ax+b$가 점 $(2, 0)$에서 직선 $y=x-2$와 접하는 경우 a, b의 값을 구하시오.

■ 풀이 ■ $f(x)=x^2+ax+b$가 점 $(2, 0)$을 지나므로

$$2a+b+4=0$$

$x=2$에서 기울기가 1이므로

$$f'(x)=2x+a,\ f'(2)=4+a=1$$
$$\therefore \quad a=-3,\ b=2$$

연습문제 • 1

1. 다음 주어진 점에서 접선과 법선의 기울기를 구하시오.

① $f(x) = 2x^3 - 5x^2 + 4$　　$(2, 0)$

② $f(x) = -x^3 + 3x^2 - 3x$　　$(2, -2)$

2. 함수 $f(x) = 2x^2 - 4x - 6$ 에서 다음 방정식을 구하시오.

① x 축에 평행한 접선　　② 기울기가 4인 접선

3. 함수 $f(x) = x^4 - 4x^2$ 위의 점 $(2, 0)$에서의 접선과 법선의 방정식을 구하시오.

4. 함수 $f(x) = x^2 - 2x + 3$ 의 접선으로 직선 $2x + 12y = 5$ 와 수직인 접선의 방정식을 구하시오.

4-2 함수의 극값

미분가능한 함수에서 도함수를 이용하여 최대값과 최소값을 구하는 방법을 공부해 보자.

정의 1 함수 $f(x)$가 정해진 구간 내 모든 점 x에 대하여

$$f(x) \leq f(c)$$

를 만족하는 점 c가 구간 내에 존재하면 $f(c)$를 $f(x)$의 최대값(maximum)이라 한다. 반대로

$$f(x) \geq f(c)$$

를 만족하는 점 c가 구간 내에 존재하면 $f(c)$를 $f(x)$의 최소값(minimum)이라 한다.

함수 $f(x)$가 폐구간 $[a, b]$에서 연속이면 $f(x)$는 이 구간에서 최대값과 최소값을 갖는다.

연속함수가 구간 내에서 최대값과 최소값을 갖지 않는 경우가 있다. 함수 $f(x) = \dfrac{1}{x}$의 경우를 살펴보자.

함수 $f(x) = \dfrac{1}{x}$은 개구간 $(0, 1)$에서 연속이지만 최대값과 최소값을 갖지 않는다. 반면 $f(x)$는 상수 a가 $0 < a < 1$을 만족하는 폐구간 $[a, 1]$에서 최대값 $f(a) = \dfrac{1}{a}$과 최소값 $f(1) = 1$을 모두 갖는다.

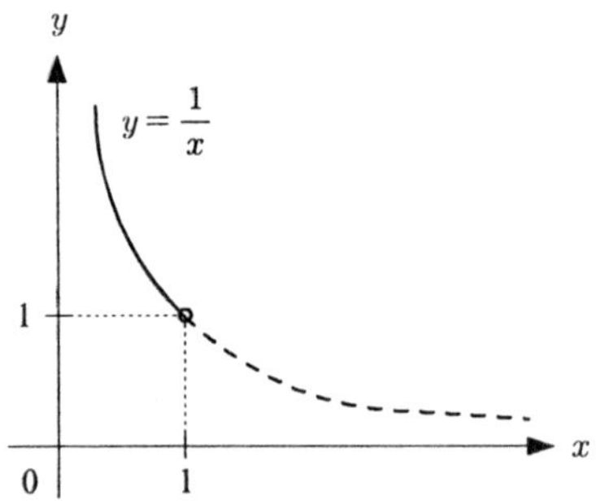

그림 4-2

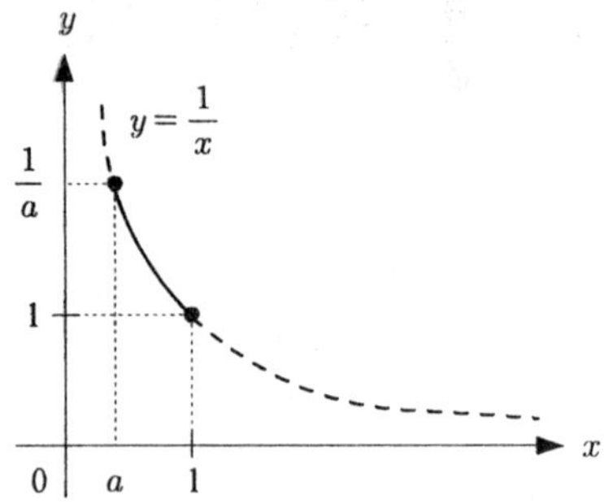

그림 4-3

함수 $f(x)$가 어느 구간에서 임의의 두 점 a, b에 대하여

① $a<b \Rightarrow f(a)<f(b)$: $f(x)$는 증가(increasing)
② $a<b \Rightarrow f(a)>f(b)$: $f(x)$는 감소(decreasing)

라 한다.

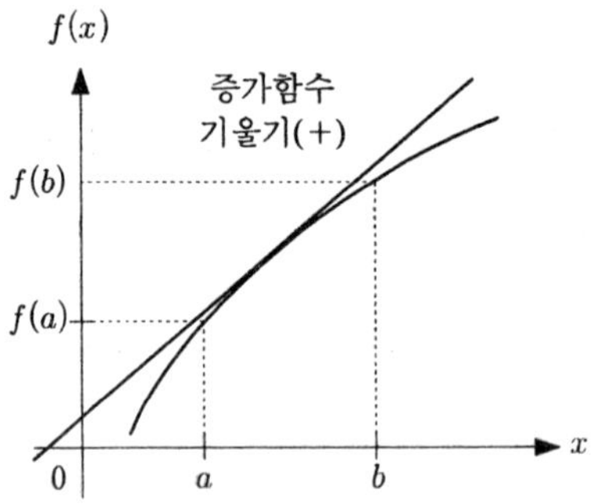

그림 4-4

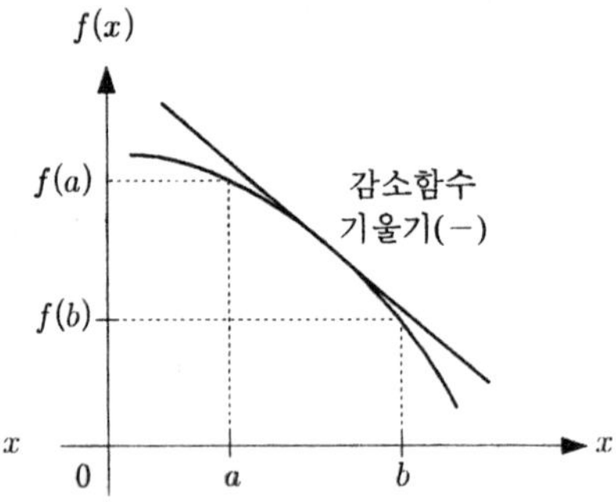

그림 4-5

또한, 함수 $f(x)$가 어느 구간에서 미분가능하고

① $f'(x) > 0$ 이면 $f(x)$는 그 구간에서 증가
② $f'(x) < 0$ 이면 $f(x)$는 그 구간에서 감소

한다.

정리 1 함수 $f(x)$가 정해진 구간 내 임의의 점 c에 대하여 $f(x) \le f(c)$가 성립하면 $f(x)$는 c에서 극대값(local maximum) $f(c)$를 갖는다고 한다.

반대로 $f(x) \ge f(c)$가 성립하면 극소값(local minimum) $f(c)$를 갖는다고 한다.

극대값과 극소값을 모두 함수 $f(x)$의 극값(extremum)이라 하고 극대점과 극소점을 극점이라 한다.

■ 예제 1 ■ 함수 $f(x) = x^3 - 6x^2 + 9x + 5$ 의 극값을 구하고 그래프를 그리시오.

■ 풀이 ■ $f'(x) = 3x^2 - 12x + 9$
$= 3(x-1)(x-3)$

$f'(x) = 0$ 에서 $x = 1, 3$

x	……	1	……	3	……
$f'(x)$	+	0	−	0	+
$f(x)$	↗	9	↘	5	↗
		극대		극소	

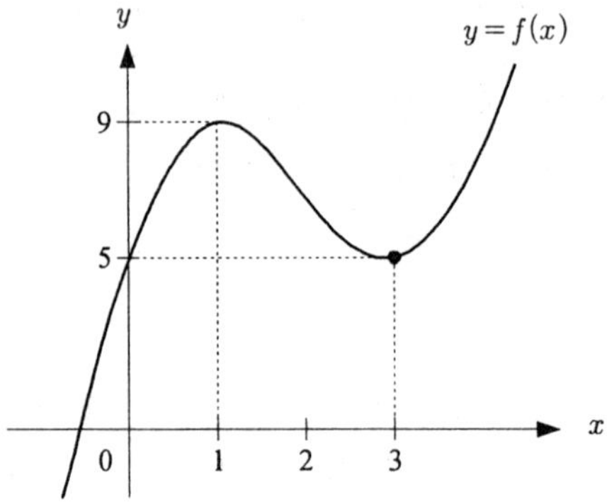

$\therefore\ x = 1$ 일 때 극대값 $f(1) = 9$

$x = 3$ 일 때 극소값 $f(3) = 5$

■ 예제 2 ■ 함수 $f(x) = x^4 - 4x^3 + 4x^2 + 5$ 의 극값을 구하고 그래프를 그리시오.

■ 풀이 ■

$$f'(x) = 4x^3 - 12x^2 + 8x$$
$$= 4x(x-1)(x-2)$$

$f'(x) = 0$ 에서 $x = 0, 1, 2$

x	……	0	……	1	……	2	……
$f'(x)$	$-$	0	$+$	0	$-$	0	$+$
$f(x)$	↘	5	↗	6	↘	5	↗
		극소		극대		극소	

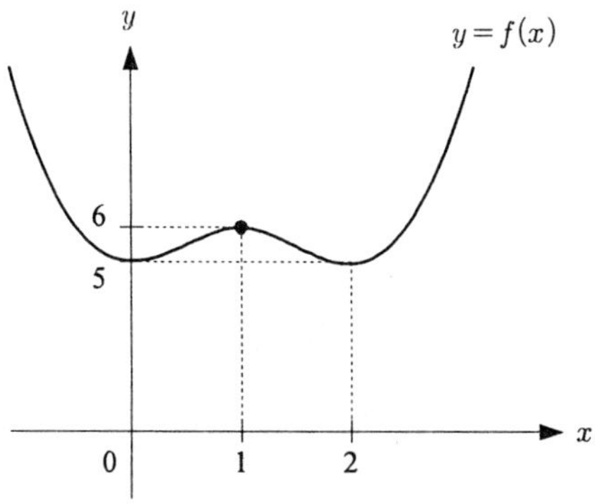

$\therefore$ $x = 0$일 때 극소값 $f(0) = 5$
$x = 1$일 때 극대값 $f(1) = 6$
$x = 2$일 때 극소값 $f(2) = 5$

■ 예제 3 ■ 함수 $f(x) = 2x^3 + 3x^2 - 12x - 8$의 구간 $[-4, 3]$에서의 최대값과 최소값을 구하시오.

■ 풀이 ■ $f'(x) = 6x^2 + 6x - 12$
$= 6(x-1)(x+2)$

$f'(x) = 0$에서 $x = -2, 1$

x	-4	……	-2	……	1	……	3
$f'(x)$		↗	0	↘	0	↗	
$f(x)$	-36		12		-15		28

최소 최대

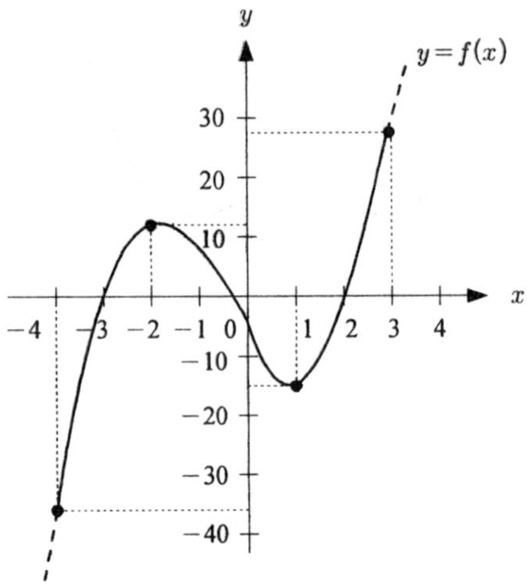

$\therefore \quad x = -4$ 일 때 최소값 $f(-4) = -36$

$x = 3$ 일 때 최대값 $f(3) = 28$

이번에는 2차 도함수에 의한 극값의 판정방법을 공부해 보자.

정리 2 함수 $f(x)$가 주어진 구간의 c에서 미분가능하고 $f''(c)$가 존재할 때

① $f''(c) < 0$: $f(c)$는 극대값

② $f''(c) > 0$: $f(c)$는 극소값

이다.

■ 예제 4 ■ 함수 $f(x) = x^3 - 3x^2 - 9x + 5$ 의 극대값과 극소값을 구하시오.

■ 풀이 ■ $f'(x) = 3x^2 - 6x - 9$
$= 3(x+1)(x-3)$

$f'(x) = 0$ 에서 $x = -1, 3$

$f(x)$는 $x = -1$과 $x = 3$에서 극값을 갖는다.

$$f''(x) = 6x - 6$$
$$f''(-1) = -12 < 0$$
$$f''(3) = 12 > 0$$

따라서, $f(-1) = 10$ 은 극대값이고 $f(3) = -22$ 는 극소값이다.

연습문제 • 2

1. 다음 함수의 극값을 구하고 그래프를 그리시오.

① $f(x) = -2x^3 + 3x^2 + 1$

② $f(x) = x^3 - 3x^2 - 9x + 5$

③ $f(x) = 2x^4 - 4x^3 - 4x^2 + 3$

④ $f(x) = x^4 - 4x^3 + 8$

2. 다음 함수에서 주어진 공간에서의 최대값과 최소값을 구하시오.

① $f(x) = x^3 - 12x + 5$ $\quad [-3, 3]$

② $f(x) = x^2 + \dfrac{1}{x^2}$ $\quad [-2, 3]$

③ $f(x) = |x| + |x+1|$ $\quad [-1, 0]$

3. 함수 $f(x) = x^3 + ax^2 - bx$ 에서 $f(-1) = 5$ 일 때 $x = -1$ 에서 극값을 갖도록 a 와 b 의 값을 정하시오.

4. 함수 $f(x) = 2x^3 + ax^2 + 10$ 가 구간 $[0, 3]$ 에서 최소값이 2일 때 a 값을 구하시오.

4-3 곡선의 오목·볼록

함수 $y = f(x)$의 그래프를 그리기 위해서는 함수의 증가, 감소, 임계값, 극대, 극소, 오목성과 볼록성 등을 조사해야 한다. 곡선의 오목성과 볼록성 그리고 변곡점에 대해 공부해 보자.

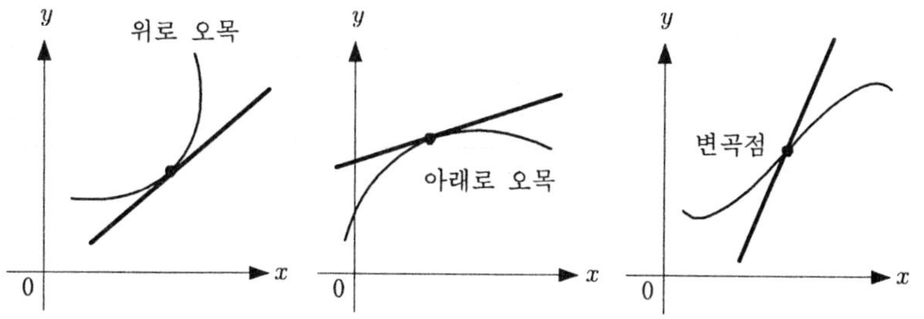

그림 4-6

2차 도함수를 이용하여 곡선의 오목성을 조사하는 방법이 있다.

정리 1 함수 $y = f(x)$가 주어진 구간에서 점 c를 포함하고 미분가능하고 $f'(c)$가 존재할 때

① $f''(c) > 0$ 이면 $f(x)$는 $x = c$에서 위로 오목하고
② $f''(c) < 0$ 이면 $x = c$에서 아래로 오목하다.

■ 예제 1 ■ 곡선 $y = x^3 - 6x^2 + 4$가 위로 오목인 구간과 아래로 오목인 구간, 그리고 변곡점을 구하시오.

■ 풀이 ■ $y = x^3 - 6x^2 + 4$

$y' = 3x^2 - 12x = 3x(x-4)$

$y' = 0 \ : \ x = 0, 4$

$y'' = 6x - 12 = 6(x-2)$

$y'' = 0 \ : \ x = 2$

x	……	0	……	2	……	4	……
y'	+	0	−		−	0	+
y''	⌒		⌒	0	◡		◡
y	↗	4	↘	−8	↘	−28	↗
		극대		변곡점		극소	

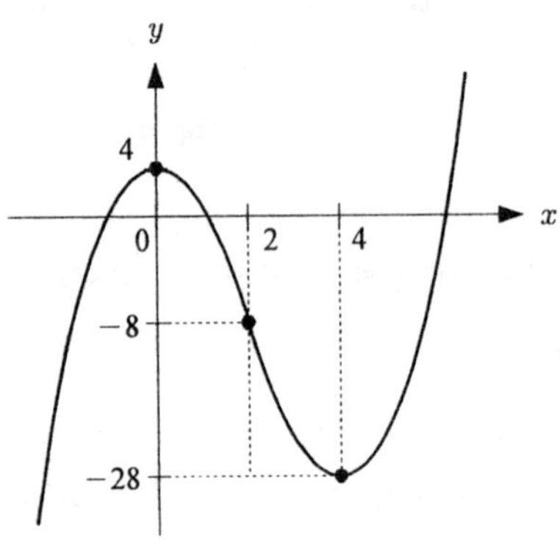

따라서,

$x < 2$에서 아래로 오목

$x > 2$에서 위로 오목

변곡점 $(2, -8)$

■ 예제 2 ■ 곡선 $y = x^4 + 4x^3 + 5$의 오목성 구간과 변곡점을 구하시오.

■ 풀이 ■ $y = x^4 + 4x^3 + 5$

$y' = 4x^3 + 12x^2 = 4x^2(x+3)$

$y' = 0$일 때 $x = -3, 0$

$y'' = 12x^2 + 24x = 12x(x+2)$

$y'' = 0$일 때 $x = -2, 0$

x	……	-3	……	-2	……	0	……
y'	$-$	0	$+$		$+$	0	$+$
y''	$\smile$		$\smile$	0	$\frown$	0	$\smile$
y	↘	-22	↗	-11	↗	5	↗
		극소		변곡점		변곡점	

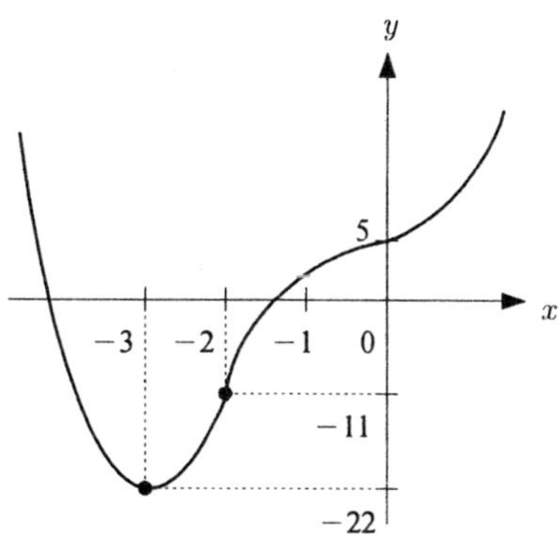

따라서,

$x < -2,\ x > 0$에서 위로 오목하고

$-2 < x < 0$에서 아래로 오목하다.

변곡점 $(-2, -11)$, $(0, 5)$

연습문제 • 3

1. 다음 곡선의 극값과 변곡점, 오목성 구간을 조사하고 그래프를 그리시오.

① $y = x^3 - 12x + 2$　　② $y = 3x^2 - 6x + 5$

③ $y = x^4 - 6x^2 - 8x + 7$　　④ $y = (x+2)^{\frac{3}{2}} + 1$

⑤ $y = x + \dfrac{1}{x}$　　⑥ $y = x + 1 + \dfrac{1}{x-1}$

⑦ $y = \dfrac{1}{x^2}$　　⑧ $y = \dfrac{1}{(x-1)^2}$

제 5 장

적 분

5-1 부 정 적 분

미분에서는 도함수를 구하는 과정에 대해 공부했다. 적분에서는 그 역연산으로 함수 $f(x)$를 도함수로 갖는 $F(x)$를 구하는 과정을 공부해 보자.

정리 1 함수 $f(x)$가 주어진 구간 내 모든 x에 대하여 $F'(x) = f(x)$가 되는 함수 $F(x)$가 있으면, $F(x)$를 함수 $f(x)$의 부정적분이라 하고

$$\int f(x)dx$$

로 나타낸다.

또한, $f(x)$의 임의의 부정적분은 다음과 같이 나타낸다.

$$\int f(x)dx = F(x) + C$$

■ 예제 1 ■ 다음 부정적분을 구하시오.

① $\int 3dx$ ② $\int 2xdx$ ③ $\int 3x^2 dx$

■ 풀이 ■ ① $(3x)' = 3$

$\therefore \int 3dx = 3x + C$

② $(x^2)' = 2x$

$\therefore \int 2xdx = x^2 + C$

③ $(x^3)' = 3x^2$

$$\therefore \quad \int 3x^2 dx = x^3 + C$$

■ 예제 2 ■ 함수 $f(x)$를 구하시오.

① $\int f(x)dx = x^2 + 3x + C$

② $\int f(x)dx = 2x^3 - 4x^2 + 5x + C$

■ 풀이 ■ ① $f(x) = (x^2 + 3x + C)' = 2x + 3$

② $f(x) = (2x^3 - 4x^2 + 5x + C)' = 6x^2 - 8x + 5$

미분공식을 이용하여 다음의 적분공식을 얻을 수 있다.

$F'(x) = f(x)$일 때

① $\int \left\{ \frac{d}{dx} f(x) \right\} dx = f(x) + C$ (C : 적분상수)

② $\frac{d}{dx} \left\{ \int f(x)dx \right\} = f(x)$

③ $\int kf(x)dx = k \int f(x)dx$ (k : 상수)

④ $\int \{f(x) \pm g(x)\} dx = \int f(x)dx \pm \int g(x)dx$

⑤ $\int x^n dx = \frac{1}{n+1} x^{n+1} + C$ ($c \neq -1$인 유리수)

■ 예제 3 ■ 부정적분을 구하시오.

① $\int (x^3 + x^2 + x + 1) dx$ ② $\int x(x-1)^2 dx$

③ $\int (x+1)(2x-3)\,dx$ ④ $\int (3x-1)^2\,dx$

■ 풀이 ■

① $\int (x^3+x^2+x+1)\,dx$

$= \int x^3dx + \int x^2dx + \int xdx + \int 1dx$

$= \frac{1}{4}x^4 + \frac{1}{3}x^3 + \frac{1}{2}x^2 + x + C$

② $\int x(x-1)^2dx = \int (x^3-2x^2+x)\,dx$

$= \int x^3dx - 2\int x^2dx + \int xdx$

$= \frac{1}{4}x^4 - \frac{2}{3}x^3 + \frac{1}{2}x^2 + C$

③ $\int (x+1)(2x-3)\,dx = \int (2x^2-x-3)\,dx$

$= 2\int x^2dx - \int xdx - 3\int dx$

$= \frac{2}{3}x^3 - \frac{1}{2}x^2 - 3x + C$

④ $\int (3x-1)^2dx = \int (9x^2-6x+1)\,dx$

$= 9\int x^2dx - 6\int xdx + \int dx$

$= 3x^3 - 3x^2 + x + C$

■ 예제 4 ■ 부정적분을 구하시오.

① $\int \frac{1}{x^2}\,dx$ ② $\int \frac{1}{\sqrt{x}}\,dx$

③ $\int x\sqrt[3]{x}\,dx$ ④ $\int \left(x^2 - x - \frac{1}{x^3}\right)dx$

■ 풀이 ■

① $\int \frac{1}{x^2}\,dx = \int x^{-2}dx = \frac{1}{-2+1}x^{-2+1} + C = -\frac{1}{x} + C$

② $\displaystyle\int \frac{1}{\sqrt{x}}\,dx = \int x^{-\frac{1}{2}}\,dx$

$$= \frac{1}{-\frac{1}{2}+1}x^{-\frac{1}{2}+1} + C = 2\sqrt{x} + C$$

③ $\displaystyle\int x\sqrt[3]{x}\,dx = \int x^{\frac{4}{3}}\,dx$

$$= \frac{1}{\frac{4}{3}+1}x^{\frac{4}{3}+1} + C = \frac{3}{7}x^2\sqrt[3]{x} + C$$

④ $\displaystyle\int\left(x^2 - x - \frac{1}{x^3}\right)dx = \int(x^2 - x - x^{-3})\,dx$

$$= \int x^2 dx - \int x dx - \int x^{-3} dx$$

$$= \frac{1}{2+1}x^{2+1} - \frac{1}{1+1}x^{1+1} - \frac{1}{-3+1}x^{-3+1} + C$$

$$= \frac{1}{3}x^3 - \frac{1}{2}x^2 + \frac{1}{2x^2} + C$$

연습문제 • 1

1. 다음 부정적분을 구하시오.

① $\int \left(2x^3 + \frac{4}{x^2}\right) dx$ ② $\int \frac{x^2 + 6x + 8}{x + 2}\, dx$

③ $\int \frac{x^2}{x - 1}\, dx - \int \frac{1}{x - 1}\, dx$

④ $\int \left(2x + \frac{3}{x^2}\right)^2 dx$ ⑤ $\int \sqrt[4]{x^3}\, dx$

2. 함수 $f(x) = 3x^2 + x$ 의 경우 다음을 구하시오.

① $\int \left\{\frac{d}{dx} f(x)\right\} dx$ ② $\frac{d}{dx}\left\{\int f(x) dx\right\}$

3. 접선의 기울기와 주어진 점이 다음과 같을 때 곡선의 방정식을 구하시오.

① $f'(x) = 3x^2 + 2x - 5$, (2, 2)

② $f'(x) = 2x\sqrt{x}$, (1, 2)

5-2 구분구적법

도형의 넓이나 부피를 측정하기 위해 도형을 세분하고 모두 합하여 근사값을 구한 다음 근사값의 극한값으로 넓이나 부피를 측정하는 것을 구분구적법이라 한다.

함수 $y = f(x)$가 폐구간 $[a, b]$에서 연속일 때 넓이를 측정해 보자.

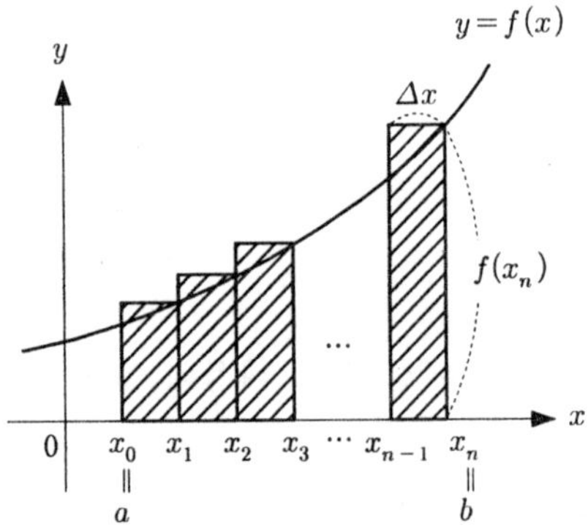

그림 5-1

구간 $[a, b]$의 양 끝점 a와 b 사이를 n등분하여 $a = x_0$, x_1, x_2, $\cdots$, x_{n-1}, $x_n = b$로 하고 $\Delta x = \dfrac{b-a}{n}$로 놓는다.

이때 n개의 넓이의 합

$$S_n = f(x_1) \cdot \Delta x + f(x_2) \cdot \Delta x + f(x_3) \cdot \Delta x + \cdots + f(x_n) \cdot \Delta x$$

$$= \sum_{k=1}^{n} f(x_k) \cdot \Delta x$$

따라서, 구간 $[a, b]$에서 $f(x)$의 넓이는 $S = \lim_{n \to \infty} S_n$ 이다.

■ 예제 1 ■ 곡선 $y = x^2$ 과 $x = 1$, x축으로 형성된 넓이를 구분구적법으로 구하시오.

■ 풀이 ■ 구간 $[a, b]$를 n등분하면, 각 부분 밑변의 길이는 $\frac{1}{n}$이 되고

$$0,\ \frac{1}{n},\ \frac{2}{n},\ \frac{3}{n},\ \cdots,\ \frac{n}{n} = 1$$

로 세분된다.

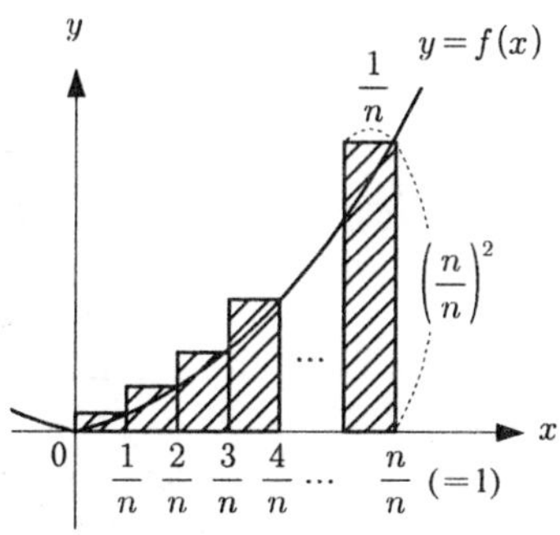

각 부분의 높이는

$$\left(\frac{1}{n}\right)^2,\ \left(\frac{2}{n}\right)^2,\ \left(\frac{3}{n}\right)^2,\ \cdots,\ \left(\frac{n}{n}\right)^2$$

이 되어 각 부분의 넓이의 합은

$$\begin{aligned} S_n &= \frac{1}{n}\left(\frac{1}{n}\right)^2 + \frac{1}{n}\left(\frac{2}{n}\right)^2 + \frac{1}{n}\left(\frac{3}{n}\right)^2 + \cdots + \frac{1}{n}\left(\frac{n}{n}\right)^2 \\ &= \frac{1}{n^3}(1^2 + 2^2 + 3^2 + \cdots + n^2) \end{aligned}$$

$$= \frac{1}{n^3} \cdot \frac{n(n+1)(2n+1)}{6}$$

따라서, 넓이

$$S = \lim_{n\to\infty} S_n = \lim_{n\to\infty} \frac{1}{n^3} \cdot \frac{n(n+1)(2n+1)}{6} = \frac{1}{3}$$

■ 예제 2 ■ 밑변길이 a, 높이 h인 삼각형의 넓이를 구분구적법으로 구하시오.

■ 풀이 ■ 높이 h를 n등분하면, 높이가 $\frac{h}{n}$인 n개의 삼각형으로 분리된다.

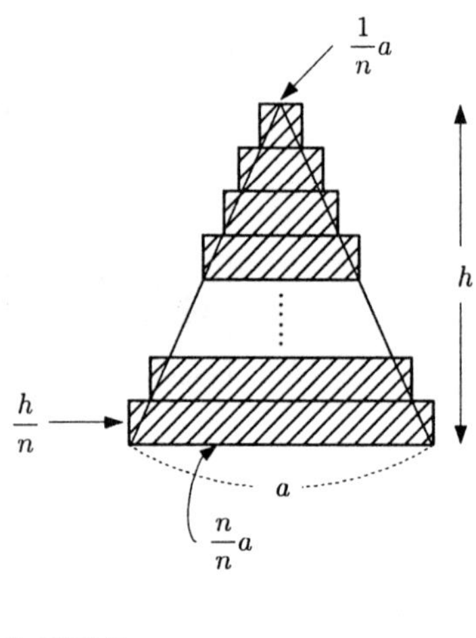

각 삼각형의 밑변은

$$\frac{a}{n},\ \frac{2a}{n},\ \frac{3a}{n},\ \cdots,\ \frac{na}{n}$$

이 되어 n개의 직사각형이 되고 합은

$$S_n = \frac{a}{n} \cdot \frac{h}{n} + \frac{2a}{n} \cdot \frac{h}{n} + \frac{3a}{n} \cdot \frac{h}{n} + \cdots + \frac{na}{n} \cdot \frac{h}{n}$$

$$= \frac{ah}{n^2}(1+2+3+\cdots+n)$$

$$= \frac{ah}{2} \cdot \frac{n+1}{n}$$

따라서, 삼각형 넓이 S는

$$S = \lim_{n\to\infty} S_n = \lim_{n\to\infty} \frac{ah}{2} \cdot \frac{n+1}{n}$$

$$= \frac{ah}{2} \lim_{n\to\infty} \frac{n+1}{n} = \frac{ah}{2}$$

5-3 정 적 분

구분구적법에 이어 정적분에 대해 공부해 보자.

함수 $y = f(x)$가 폐구간 $[a, b]$에서 연속이고 $f(x) \geq 0$일 때 둘러싸인 넓이를 구해 보자.

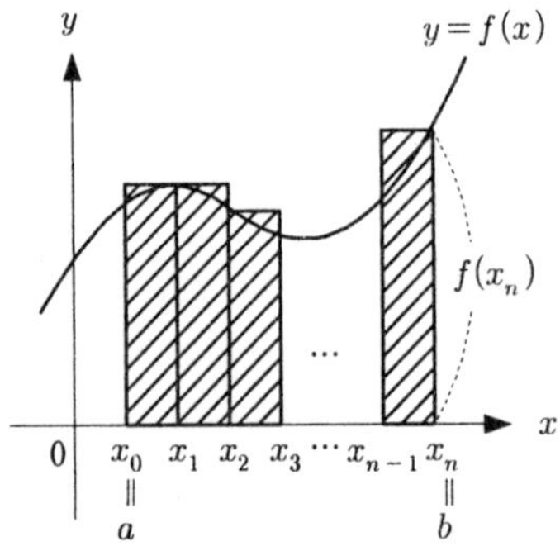

그림 5-2

구간 $[a, b]$를 n등분하여 $a = x_0,\ x_1,\ x_2,\ \cdots,\ x_{n-1},\ x_n = b$라 하고,

$$\Delta x = x_1 - x_0 = x_2 - x_1 = \cdots = x_n - x_{n-1}$$

에서 $\Delta x = \dfrac{b-a}{n}$는 각 직사각형의 밑변이 된다.

각 직사각형의 총합은

$$\begin{aligned} S_n &= f(x_1) \cdot \Delta x + f(x_2) \cdot \Delta x + \cdots + f(x_n) \cdot \Delta x \\ &= \sum_{k=1}^{n} f(x_k) \cdot \Delta x \end{aligned}$$

따라서, 넓이

$$S = \lim_{n \to \infty} S_n = \lim_{n \to \infty} \sum_{k=1}^{n} f(x_k) \Delta x$$

이 극한값은 함수 $f(x)$를 a에서 b까지의 정적분이라 하고

$$\int_a^b f(x)dx$$

로 나타낸다.

여기서 $f(x)$는 구간 $[a, b]$ 사이에서 적분가능하다고 하고 a를 적분의 하한, b를 적분의 상한이라 부른다. 또한,

$$\int_a^b f(x)dx = \lim_{n \to \infty} \sum_{k=1}^{n} f(x_k) \cdot \Delta x$$

$$\left(\text{여기서, } \Delta x = \frac{b-a}{n}\right)$$

정리 1 함수 $f(x)$가 구간 $[a, b]$에서 적분가능하고

$\int f(x)dx = F(x) + C$일 때

$$\int_a^b f(x)dx = [F(x)]_a^b = F(b) - F(a)$$

이 성립한다.

■ 예제 1 ■ 다음 함수를 정적분하시오.

① $\int_0^2 x^2 dx$　　　② $\int_1^2 (2x^3 - 5) dx$

③ $\int_0^4 \sqrt{x}\, dx$　　　　④ $\int_{-1}^1 (x+x^2)\, dx$

■ 풀이 ■

① $\int_0^2 x^2 dx = \left[\frac{1}{3}x^3\right]_0^2 = \frac{1}{3}(2^3 - 0) = \frac{8}{3}$

② $\int_1^2 (2x^3 - 5)\, dx = \left[\frac{1}{2}x^4 - 5x\right]_1^2$

$$= \left(\frac{1}{2}\times 2^4 - 5\times 2\right) - \left(\frac{1}{2} - 5\right) = \frac{5}{2}$$

③ $\int_0^4 \sqrt{x}\, dx = \left[\frac{2}{3}x^{\frac{3}{2}}\right]_0^4 = \frac{2}{3}(8-0) = \frac{16}{3}$

④ $\int_{-1}^1 (x+x^2)\, dx = \left[\frac{1}{2}x^2 + \frac{1}{3}x^3\right]_{-1}^1$

$$= \left(\frac{1}{2} + \frac{1}{3}\right) - \left(\frac{1}{2} - \frac{1}{3}\right) = \frac{2}{3}$$

정적분의 몇 가지 기본적인 성질에 대해 공부해 보자.

정리 2 함수 $f(x)$가 구간 $[a, b]$에서 적분가능할 때

① $\int_b^a f(x)dx = -\int_a^b f(x)dx$

② $\int_a^a f(x)dx = 0$

③ $\int_a^b \{f(x) \pm g(x)\}\, dx = \int_a^b f(x)dx \pm \int_a^b g(x)dx$

④ $\int_a^b kf(x)dx = k\int_a^b f(x)dx$ (k : 상수)

⑤ $\int_a^b f(x)dx = \int_a^c f(x)dx + \int_c^b f(x)dx$

정리 3 함수 $f(x)$와 $g(x)$가 구간 $[a, b]$에서 적분가능할 때, 구간 $[a, b]$ 내의 모든 x에서

① $f(x) \geq 0$이면, $\int_a^b f(x)dx \geq 0$

② $f(x) \geq g(x)$이면, $\int_a^b f(x)dx \geq \int_a^b g(x)dx$

■ 예제 2 ■ $\int_0^1 x^2 dx$를 정적분 정의에 의해 구하시오.

■ 풀이 ■ 구간 $[0, 1]$을 n등분하면

$$\Delta x = \frac{1-0}{n} = \frac{1}{n}$$

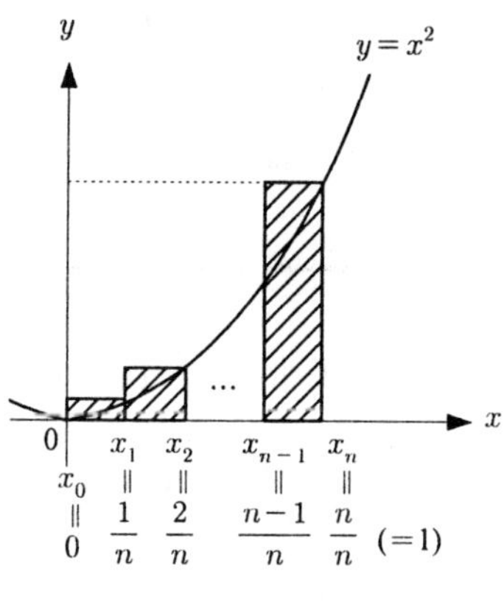

각 직사각형의 합은

$$S_n = \left(\frac{1}{n}\right)^2 \frac{1}{n} + \left(\frac{2}{n}\right)^2 \frac{1}{n} + \cdots + \left(\frac{n}{n}\right)^2 \frac{1}{n}$$
$$= \frac{1}{n^3}(1^2 + 2^2 + \cdots + n^2)$$

$$= \frac{1}{n^3} \cdot \frac{n(n+1)(2n+1)}{6}$$

따라서,

$$\int_0^1 x^2 dx = \lim_{n\to\infty} S_n = \lim_{n\to\infty} \frac{n(n+1)(2n+1)}{6n^3} = \frac{1}{3}$$

■ 예제 3 ■ 다음 함수를 정적분하시오.

① $\int_2^2 2x dx$ ② $\int_2^0 x^2\, dx$

③ $\int_1^3 (x+3)^2\, dx - \int_1^3 (x-3)^2\, dx$

④ $\int_0^2 (x+x^2)dx + \int_2^3 (x+x^2)dx$

■ 풀이 ■ ① $\int_2^2 2xdx = [x^2]_2^2 = 4-4=0$

② $\int_2^0 x^2 dx = -\int_0^2 x^2 dx = -\left[\frac{1}{3}x^3\right]_0^2 = -\frac{8}{3}$

③ $\int_1^3 (x+3)^2 dx - \int_1^3 (x-3)^2 dx$

$$= \int_1^3 \{(x+3)^2 - (x-3)^2\}\, dx = \int_1^3 12xdx$$

$$= 12\left[\frac{1}{2}x^2\right]_1^3 = 6(3^2-1^2) = 48$$

④ $\int_0^2 (x+x^2)dx + \int_2^3 (x+x^2)dx$

$$= \int_0^3 (x+x^2)dx = \left[\frac{1}{2}x^2 + \frac{1}{3}x^3\right]_0^3$$

$$= \frac{1}{2}\times 3^2 + \frac{1}{3}\times 3^3 = 13\frac{1}{2}$$

연습문제 • 3

1. 곡선 $y = x^3$과 직선 $x = 3$, x축으로 형성된 도형의 넓이를 구분구적법으로 구하시오.

2. 직선 $y = 2x$와 직선 $x = 1$, x축으로 형성된 도형의 넓이를 정적분으로 구하시오.

3. 다음 정적분의 값을 구하시오.

① $\displaystyle\int_0^3 (x - x^2)dx$　　② $\displaystyle\int_1^2 \left(\frac{x}{3} + 3x^2\right)dx$

③ $\displaystyle\int_3^4 \frac{x^2 - 1}{x - 1}dx$　　④ $\displaystyle\int_1^3 \frac{4x^4 + 1}{x^2}dx$

⑤ $\displaystyle\int_0^5 |x - 2|dx$　　⑥ $\displaystyle\int_{-2}^4 |x(x - 3)|dx$

⑦ $\displaystyle\int_{-1}^2 |x - x^2|dx$　　⑧ $\displaystyle\int_{-2}^2 |x^2 + 2x - 3|dx$

제 6 장

적분의 응용

6-1 치환적분법

앞에서 연속함수 $f(x)$의 부정적분과 정적분에 대해 공부하였다. 이제는 치환적분법에 대해 공부해 보자.

함수 $y = F(u)$가 u에 관하여 미분가능하고 $u = g(x)$가 x에 관하여 미분가능할 때, 합성함수 $y = F(g(x))$는

$$\frac{dy}{dx} = \frac{dy}{du} \cdot \frac{du}{dx} = F'(g(x)) \cdot g'(x)$$

가 된다.

함수 $F(x)$는 함수 $f(x)$를 적분한 것이고 $F(g(x))$는 $f(g(x))g'(x)$를 적분한 것이므로

$$\int f(g(x))g'(x)dx = F(g(x)) + C$$

가 된다.

따라서 함수 $h(x)$의 적분을 구하고자 할 때

$$h(x) = f(g(x))g'(x)$$

의 형태이고 $F(x)$가 $f(x)$를 적분한 경우라면

① $g(x) = u$로 놓으면
② $g'(x)dx = du$가 되어

$$\begin{aligned}\int h(x)dx &= \int f(g(x))g'(x)dx \\ &= \int f(u)du \\ &= F(u) + C = F(g(x)) + C\end{aligned}$$

가 된다. 이러한 적분법을 치환적분법이라 한다.

■ 예제 1 ■ 다음을 부정적분하시오.

① $\int (x+5)^3 dx$ ② $\int (3x^2+1)^3 x dx$

③ $\int \frac{x}{(2x^2+1)^2} dx$ ④ $\int \frac{x}{(1+x^2)^3} dx$

■ 풀이 ■ ① $\int (x+5)^3 dx$

$$u = x+5, \ du = dx$$

$$= \int u^3 du = \frac{1}{4}u^4 + C = \frac{1}{4}(x+5)^4 + C$$

② $\int (3x^2+1)^3 x dx$

$$u = 3x^2+1, \ du = 6xdx$$

$$= \int u^3 \cdot \frac{1}{6} du = \frac{1}{6} \times \frac{1}{4} u^4 + C$$

$$= \frac{1}{24}(3x^2+1)^4 + C$$

③ $\int \frac{x}{(2x^2+1)^2} dx$

$$u = 2x^2+1, \ du = 4xdx$$

$$= \int \frac{1}{u^2} \cdot \frac{1}{4} du = \frac{1}{4} \int u^{-2} du$$

$$= \frac{1}{4} \cdot \frac{1}{-2+1} u^{-1} + C$$

$$= -\frac{1}{4(2x^2+1)} + C$$

④ $\int \frac{x}{(1+x^2)^3} dx$

$$u = 1 + x^2, \; du = 2xdx$$

$$= \int \frac{1}{u^3} \cdot \frac{1}{2} du = \frac{1}{2} \int u^{-3} du$$

$$= \frac{1}{2} \cdot \frac{1}{-3+1} u^{-2} + C$$

$$= \frac{-1}{4(1+x^2)^2} + C$$

■ 예제 2 ■ 다음을 부정적분하시오.

① $\int \sqrt{x}\, dx$ ② $\int \sqrt{2x+3}\, dx$

③ $\int x(3x^2+1)^2 dx$ ④ $\int x\sqrt{x^2+2}\, dx$

■ 풀이 ■ ① $\int \sqrt{x}\, dx = \int x^{\frac{1}{2}} dx = \dfrac{1}{\frac{1}{2}+1} x^{\frac{1}{2}+1} + C$

$$= \frac{2}{3} x\sqrt{x} + C$$

② $\int \sqrt{2x+3}\, dx$

$$u = 2x + 3, \; du = 2dx$$

$$= \int u^{\frac{1}{2}} \cdot \frac{1}{2} du = \frac{1}{2} \cdot \frac{2}{3} \cdot u^{\frac{3}{2}} + C$$

$$= \frac{1}{3}(2x+3)\sqrt{2x+3} + C$$

③ $\int x(3x^2+1)^2 dx$

$$u = 3x^2 + 1, \; du = 6x \cdot dx$$

$$= \int u^2 \cdot \frac{1}{6} du = \frac{1}{6} \cdot \frac{1}{3} u^3 + C$$

$$= \frac{1}{18}(3x^2+1)^3 + C$$

④ $\int x\sqrt{x^2+2}\,dx$

$$u = x^2+2,\ du = 2xdx$$

$$= \int u^{\frac{1}{2}} \cdot \frac{1}{2}du = \frac{1}{2} \cdot \frac{2}{3} \cdot u^{\frac{3}{2}} + C$$

$$= \frac{1}{3}(x^2+2)\sqrt{x^2+2} + C$$

함수 $f(x)$가 폐구간 $[a, b]$에서 연속일 때 $x = g(t)$이고 t가 α에서 β까지 변하면서

$$dx = g'(t)dt,\ a = g(\alpha),\ b = g(\beta)$$

를 만족하는 경우

$$\int_a^b f(x)dx = \int_\alpha^\beta f\{g(t)\}g'(t)dt$$

의 정적분의 치환적분법이 성립한다.

■ 예제 3 ■ 다음을 정적분하시오.

① $\int_2^5 \sqrt{x-2}\,dx$　　　② $\int_0^1 x\sqrt{2x^2+3}\,dx$

■ 풀이 ■ ① $\int_2^5 \sqrt{x-2}\,dx$

$$u = x-2,\ du = dx$$
$$x = 2 : u = 0$$
$$x = 5 : u = 3$$

$$= \int_0^3 u^{\frac{1}{2}}du = \left[\frac{2}{3}u^{\frac{3}{2}}\right]_0^3 = 2\sqrt{3} + C$$

② $\displaystyle\int_0^1 x\sqrt{2x^2+3}\,dx$

$$u = 2x^2+3,\ du = 4xdx$$
$$x = 0 : u = 3$$
$$x = 1 : u = 5$$

$$= \int_3^5 u^{\frac{1}{2}} \cdot \frac{1}{4}du = \left[\frac{1}{6}u^{\frac{3}{2}}\right]_3^5$$

$$= \frac{1}{6}(5\sqrt{5} - 3\sqrt{3})$$

연습문제 • 1

1. 다음 부정적분을 구하시오.

① $\int x(2x^2+3)^3\,dx$

② $\int \sqrt{x+5}\,dx$

③ $\int \frac{x}{(4x^2+5)^2}\,dx$

④ $\int \frac{2x^2}{(x^3-2)^3}\,dx$

⑤ $\int \frac{1}{\sqrt[3]{5-x}}\,dx$

⑥ $\int x\sqrt{2x^2-1}\,dx$

2. 다음 정적분을 구하시오.

① $\int_0^2 \frac{3x}{(x^2+1)^2}\,dx$

② $\int_{-1}^2 x\sqrt{9-x^2}\,dx$

③ $\int_{-2}^2 |x|\,dx$

④ $\int_0^5 |x-2|\,dx$

⑤ $\int_0^1 x^2\sqrt{2x^3+4}\,dx$

⑥ $\int_0^1 x^3\sqrt{4-x^4}\,dx$

6-2 평 면 적

함수 $y = f(x)$가 폐구간 $[a, b]$에서 연속인 경우 x축과 $x = a$, $x = b$로 형성된 도형의 넓이를 구하는 방법을 공부해 보자.

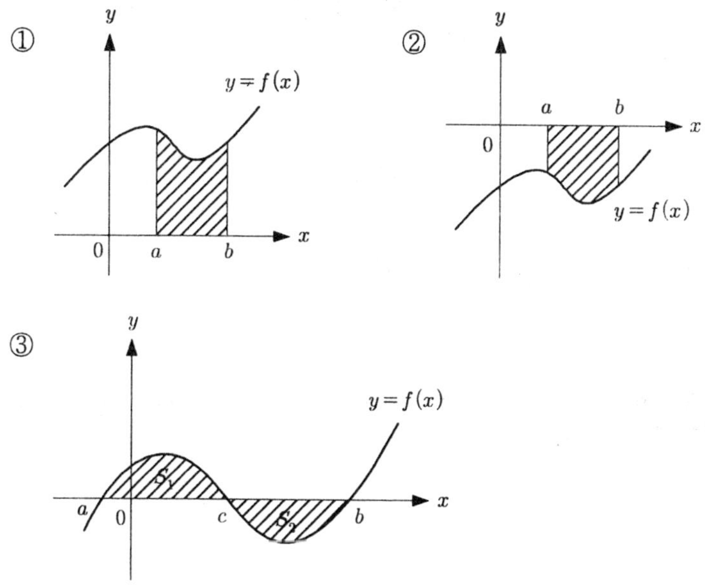

그림 6-1

① $f(x) \geq 0$인 경우 $S = \int_a^b f(x)dx$

② $f(x) \leq 0$인 경우 $S = -\int_a^b f(x)dx$

③ $S = S_1 - S_2 = \int_a^c f(x)dx - \int_c^b f(x)dx$

두 함수 $f(x)$와 $g(x)$가 폐구간 $[a, b]$에서 연속이고 $f(x) \geq g(x)$일 때, $f(x)$와 $g(x)$ 및 $x = a$, $x = b$로 형성된 도형의 넓이를 구해 보자.

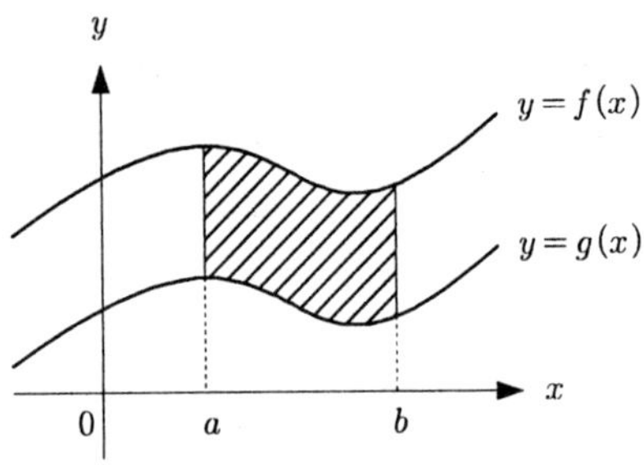

그림 6-2

넓이 $S = \int_a^b \{f(x) - g(x)\}\, dx$

■ 예제 1 ■ 곡선 $y = -x^2 + 4$와 x축으로 형성된 넓이를 구하시오.

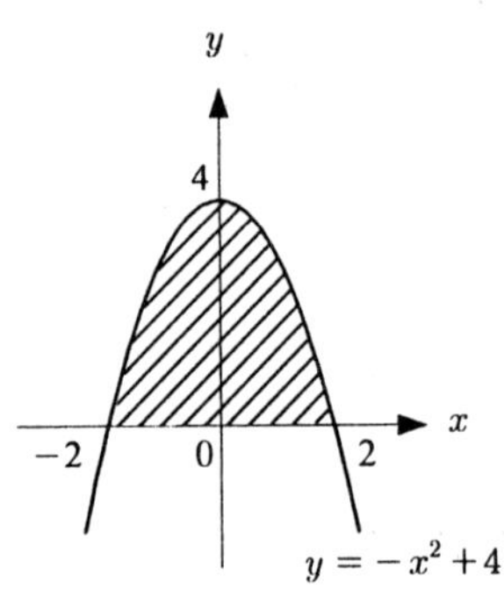

■ 풀이 ■ $S = \int_{-2}^{2} (-x^2 + 4)dx$

$$= \left[-\frac{1}{3}x^3 + 4x\right]_{-2}^{2}$$

$$= \left(-\frac{8}{3} + 8\right) - \left(\frac{8}{3} - 8\right)$$

$$= \frac{32}{3}$$

■ 예제 2 ■ 곡선 $y = x^2 - x - 2$와 x축으로 형성된 넓이를 구하시오.

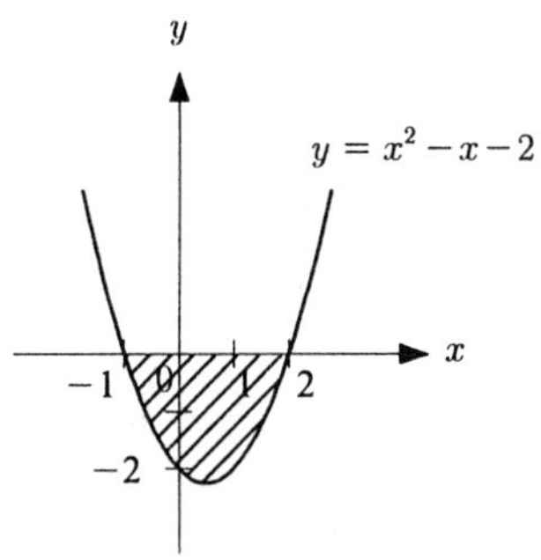

■ 풀이 ■ $S = -\int_{-1}^{2} (x^2 - x - 2)dx$

$$= -\left[\frac{1}{3}x^3 - \frac{1}{2}x^2 - 2x\right]_{-1}^{2}$$

$$= -\left\{\left(\frac{8}{3} - 2 - 4\right) - \left(-\frac{1}{3} - \frac{1}{2} + 2\right)\right\}$$

$$= \frac{9}{2}$$

■ 예제 3 ■ 두 곡선 $y = x^2 - 4x + 4$와 $y = x + 4$로 형성된 영역의 면적을 구하시오.

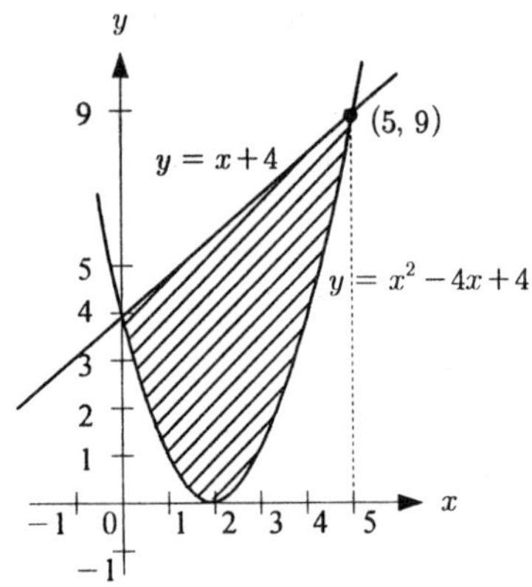

■ 풀이 ■ 두 교점은 $(0, 4)$와 $(5, 9)$이다.

면적

$$
\begin{aligned}
S &= \int_0^5 (x+4)dx - \int_0^5 (x^2 - 4x + 4)dx \\
&= \int_0^5 (x + 4 - x^2 + 4x - 4)dx \\
&= \int_0^5 (-x^2 + 5x)dx \\
&= \left[-\frac{1}{3}x^3 + \frac{5}{2}x^2\right]_0^5 \\
&= -\frac{1}{3} \times 5^3 + \frac{5}{2} \times 5^2 \\
&= \frac{125}{6}
\end{aligned}
$$

■ 예제 4 ■ 곡선 $y = x^2 - 4x + 3$과 x축, y축으로 형성된 도형의 넓이를 구하시오.

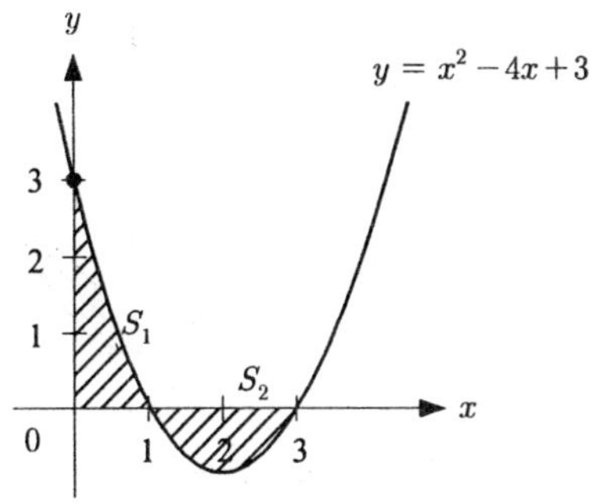

■ 풀이 ■ 넓이

$$
\begin{aligned}
S &= S_1 - S_2 \\
&= \int_0^1 (x^2 - 4x + 3)dx - \int_1^3 (x^2 - 4x + 3)dx \\
&= \left[\frac{1}{3}x^3 - 2x^2 + 3x\right]_0^1 - \left[\frac{1}{3}x^3 - 2x^2 + 3x\right]_1^3 \\
&= \left(\frac{1}{3} - 2 + 3\right) - \left\{(9 - 18 + 9) - \left(\frac{1}{3} - 2 + 3\right)\right\} \\
&= \frac{8}{3}
\end{aligned}
$$

■ 예제 5 ■ 두 곡선 $y = x^2$ 와 $y = 2x - x^2$ 으로 형성된 도형의 넓이를 구하시오.

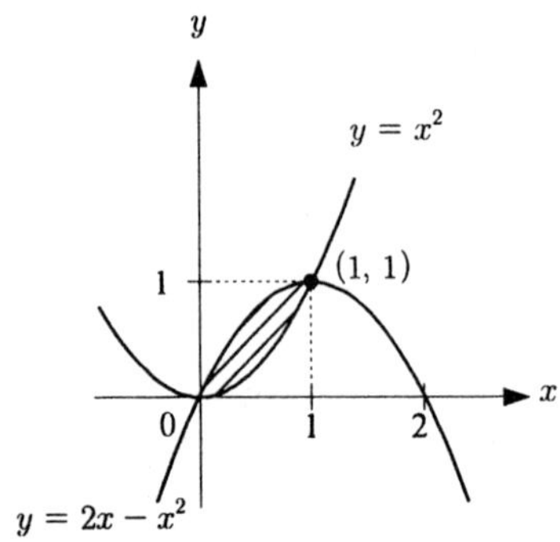

■ 풀이 ■ 두 곡선의 교점은 $(0, 0)$와 $(1, 1)$이다.

넓이

$$S = \int_0^1 (2x - x^2 - x^2)dx$$

$$= \int_0^1 (2x - 2x^2)dx$$

$$= \left[x^2 - \frac{2}{3}x^3\right]_0^1$$

$$= 1 - \frac{2}{3} = \frac{1}{3}$$

연습문제 • 2

1. 주어진 곡선과 x축으로 형성된 도형의 면적을 구하시오.

① $y = 9x - x^2$　　② $y = x^2 - x - 6$

③ $y = x^3 - 3x^2 - x + 3$　　④ $y = x^3 - 5x^2 + 6x$

2. 다음 곡선과 직선으로 형성된 도형의 면적을 구하시오.

① $y = x^2 - 2$, $y = x$

② $y = 4x - x^2$, $y = x - 4$

③ $y = x^2 - 4x + 3$, $y = 3$

3. 두 곡선으로 형성된 도형의 면적을 구하시오.

① $y = x^2$, $y = -x^2 + 4$

② $y = x^3 - 6x^2 + 8x$, $y = x^2 - 2x$

4. 다음 곡선이 x축 및 두 직선에 의해 형성된 도형의 면적을 구하시오.

① $y = x^2 - 4x + 5$, $x = 0$, $x = 3$

② $y = -x^2 + 3x + 4$, $x = 1$, $x = 3$

③ $y = \sqrt{x - 1}$, $x = 2$, $x = 5$

④ $y = |x^2 - 1|$, $x = -2$, $x = 2$

6-3 부 피

함수 $f(x)$가 폐구간 $[a, b]$에서 연속이고 $f(x) \geq 0$일 때 $f(x)$를 x축을 회전축으로 회전시킬 때 생기는 회전체의 부피를 구하는 방법을 공부해 보자.

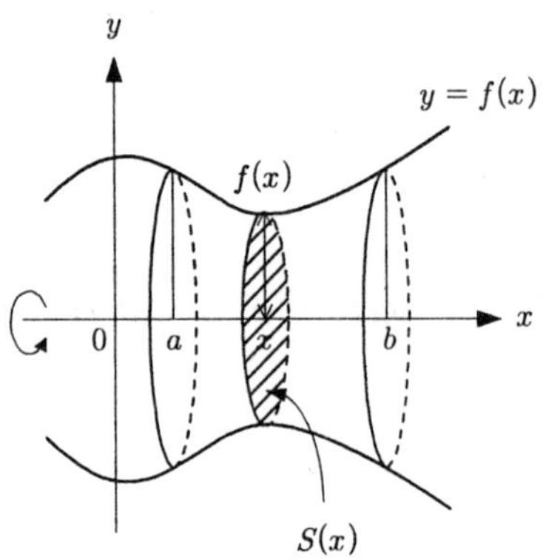

그림 6-3

구간 $[a, b]$에서 회전체를 수직인 평면으로 잘랐을 때 단면의 넓이를 $S(x)$라 하면 회전체 부피 V는

$$V = \int_a^b S(x)dx$$

가 된다. 여기서

$$S(x) = \{f(x)\}^2 \pi$$

이므로

$$V = \pi \int_a^b \{f(x)\}^2 dx$$

가 된다.

■ 예제 1 ■ 곡선 $y = \sqrt{x}$ 를 구간 $[0, 3]$ 에서 x 축으로 회전하여 생기는 회전체의 부피를 구하시오.

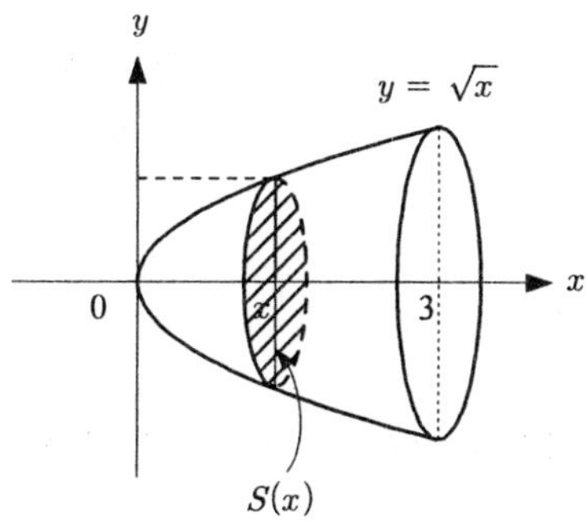

■ 풀이 ■ 구간 $[0, 3]$ 에서 회전체를 수직인 평면으로 잘랐을 때 단면의 넓이는

$$S(x) = \pi \cdot y^2 = \pi x$$

가 되고, 회전체 부피는

$$\begin{aligned} V &= \int_0^3 S(x)dx \\ &= \int_0^3 \pi x dx \\ &= \pi \left[\frac{1}{2}x^2 \right]_0^3 = \frac{9\pi}{2} \end{aligned}$$

■ 예제 2 ■ 용기에 물이 담겨 있다. 깊이가 x cm일 때 수면의 넓이가 $(2x^2+5)\text{cm}^2$라 하면 깊이가 3cm일 때 물의 부피를 구하시오.

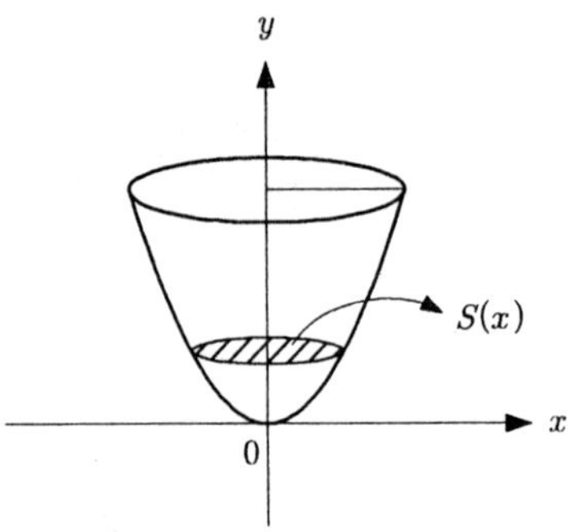

■ 풀이 ■ 깊이가 x cm일 때 물의 부피 V는

$$V=\int_0^x (2x^2+5)dx$$
$$=\left[\frac{2}{3}x^3+5x\right]_0^x$$
$$=\frac{2}{3}x^3+5x$$

따라서,

$$V_{x=3}=\frac{2}{3}\times 3^3+5\times 3$$
$$=18+15=33(\text{cm}^3)$$

■ 예제 3 ■ 두 곡선 $y=x^2$와 $y=4-x^2$으로 형성된 도형을 x축으로 회전시켜 생기는 회전체의 부피를 구하시오.

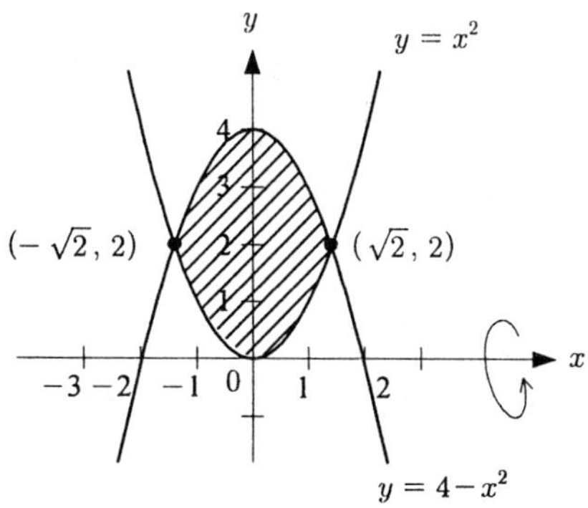

■풀이■ 두 곡선의 교점은

$$x^2 = 4 - x^2$$
$$x^2 = 2$$
$$x = \pm\sqrt{2}$$
$$\therefore\ (-\sqrt{2}, 2),$$
$$(\sqrt{2}, 2)$$

따라서, 회전체 V는

$$V = \pi\int_{-\sqrt{2}}^{\sqrt{2}} \{(4 - x^2)^2 - x^4\}\, dx$$
$$= \pi\int_{-\sqrt{2}}^{\sqrt{2}} (16 - 8x^2)\, dx$$
$$= \pi\left[16x - \frac{8}{3}x^3\right]_{-\sqrt{2}}^{\sqrt{2}}$$
$$= 2\pi\left[16x - \frac{8}{3}x^3\right]_{0}^{\sqrt{2}}$$
$$= 2\pi \times \frac{32\sqrt{2}}{3} = \frac{64\sqrt{2}}{3}\pi$$

연습문제 • 3

1. 반지름 길이가 r인 구의 부피를 구하시오.

2. 곡선 $y = 4 - x^2$와 $y = x + 2$로 형성된 도형의 넓이와 x축으로 회전하여 생긴 회전체의 부피를 구하시오.

3. 두 곡선 $y = x^2$와 $y^2 = x$로 형성된 도형을 x축으로 회전하여 생긴 회전체의 부피를 구하시오.

연습문제 해답

■ 제1장 ■ 행　렬

연습문제 • 1

1. ① $\begin{bmatrix}1 & 3 & -2\\4 & 0 & 5\end{bmatrix}+\begin{bmatrix}4 & -2 & 6\\0 & 3 & -2\end{bmatrix}=\begin{bmatrix}5 & 1 & 4\\4 & 3 & 3\end{bmatrix}$

② $\begin{bmatrix}1 & 4 & 2\\3 & 2 & 0\end{bmatrix}+3\begin{bmatrix}2 & 0 & 1\\-1 & 2 & 3\end{bmatrix}=\begin{bmatrix}7 & 4 & 5\\0 & 8 & 9\end{bmatrix}$

③ $4\begin{bmatrix}3 & 2\\-1 & 0\end{bmatrix}-2\begin{bmatrix}4 & 1\\-3 & 2\end{bmatrix}=\begin{bmatrix}4 & 6\\2 & -4\end{bmatrix}$

④ $2\begin{bmatrix}1 & 3 & -2\\5 & 1 & 4\end{bmatrix}-3\begin{bmatrix}0 & 1 & -2\\3 & 0 & 2\end{bmatrix}=\begin{bmatrix}2 & 3 & 2\\1 & 2 & 2\end{bmatrix}$

2. ① $\begin{bmatrix}2 & -1 & 3\\4 & 2 & 1\end{bmatrix}\begin{bmatrix}2\\3\\0\end{bmatrix}=\begin{bmatrix}4-3+0\\8+6+0\end{bmatrix}=\begin{bmatrix}1\\14\end{bmatrix}$

② $\begin{bmatrix}3 & 1\\0 & -1\\2 & 4\end{bmatrix}\begin{bmatrix}2 & 1 & 0\\0 & 2 & -1\end{bmatrix}=\begin{bmatrix}6+0 & 3+2 & 0-1\\0+0 & 0-2 & 0+1\\4+0 & 2+8 & 0-4\end{bmatrix}=\begin{bmatrix}6 & 5 & -1\\0 & -2 & 1\\4 & 10 & -4\end{bmatrix}$

③ $\begin{bmatrix}0 & -1\\1 & 0\\0 & 1\end{bmatrix}\begin{bmatrix}1 & 0\\-3 & 4\end{bmatrix}=\begin{bmatrix}3 & -4\\1 & 0\\-3 & 4\end{bmatrix}$

④ $\begin{bmatrix}4 & 2 & 1\end{bmatrix}\begin{bmatrix}2 & 1\\1 & 3\\-1 & 4\end{bmatrix}=\begin{bmatrix}8+2-1 & 4+6+4\end{bmatrix}=\begin{bmatrix}9 & 14\end{bmatrix}$

3. ① $\begin{bmatrix}4 & -1\\5 & 3\\-8 & 0\end{bmatrix}$　　② $\begin{bmatrix}4 & -5\\6 & 3\end{bmatrix}$

③ $\begin{bmatrix}4 & 3 & 5\\2 & 0 & -6\end{bmatrix}$　　④ $\begin{bmatrix}2 & 4 & 8\end{bmatrix}$

4. $A^T = \begin{bmatrix} 4 & 1 \\ -2 & 3 \end{bmatrix}, \qquad B^T = \begin{bmatrix} 2 & 5 \\ 3 & -1 \end{bmatrix}$

$AB = \begin{bmatrix} -2 & 14 \\ 17 & 0 \end{bmatrix}, \qquad (AB)^T = \begin{bmatrix} -2 & 17 \\ 14 & 0 \end{bmatrix}$

$A^TB^T = \begin{bmatrix} 4 & 1 \\ -2 & 3 \end{bmatrix}\begin{bmatrix} 2 & 5 \\ 3 & -1 \end{bmatrix} = \begin{bmatrix} 11 & 19 \\ 5 & -13 \end{bmatrix}$

$B^TA^T = \begin{bmatrix} 2 & 5 \\ 3 & -1 \end{bmatrix}\begin{bmatrix} 4 & 1 \\ -2 & 3 \end{bmatrix} = \begin{bmatrix} -2 & 17 \\ 14 & 0 \end{bmatrix}$

연습문제 • 2

1. ① $A+(B+C) = \begin{bmatrix} 2 & 0 & 4 \\ 3 & 1 & 2 \\ 1 & -2 & 5 \end{bmatrix} + \begin{bmatrix} 4 & 7 & 5 \\ -2 & 2 & 8 \\ 10 & -1 & 1 \end{bmatrix} = \begin{bmatrix} 6 & 7 & 9 \\ 1 & 3 & 10 \\ 11 & -3 & 6 \end{bmatrix}$

$(A+B)+C = \begin{bmatrix} 5 & 1 & 6 \\ 3 & 3 & 6 \\ 6 & -5 & 5 \end{bmatrix} + \begin{bmatrix} 1 & 6 & 3 \\ -2 & 0 & 4 \\ 5 & 2 & 1 \end{bmatrix} = \begin{bmatrix} 6 & 7 & 9 \\ 1 & 3 & 10 \\ 11 & -3 & 6 \end{bmatrix}$

$\therefore \quad A+(B+C) = (A+B)+C$

② $(AB)C = \begin{bmatrix} 26 & -10 & 4 \\ 19 & -1 & 10 \\ 28 & -18 & -6 \end{bmatrix}\begin{bmatrix} 1 & 6 & 3 \\ -2 & 0 & 4 \\ 5 & 2 & 1 \end{bmatrix} = \begin{bmatrix} 66 & 164 & 42 \\ 71 & 134 & 63 \\ 34 & 156 & 6 \end{bmatrix}$

$A(BC) = \begin{bmatrix} 2 & 0 & 4 \\ 3 & 1 & 2 \\ 1 & -2 & 5 \end{bmatrix}\begin{bmatrix} 11 & 22 & 15 \\ 16 & 8 & 12 \\ 11 & 30 & 3 \end{bmatrix} = \begin{bmatrix} 66 & 164 & 42 \\ 71 & 134 & 63 \\ 34 & 156 & 6 \end{bmatrix}$

$\therefore \quad (AB)C = A(BC)$

③ $(2+4)A = 6\begin{bmatrix} 2 & 0 & 4 \\ 3 & 1 & 2 \\ 1 & -2 & 5 \end{bmatrix} = \begin{bmatrix} 12 & 0 & 24 \\ 18 & 6 & 12 \\ 6 & -12 & 30 \end{bmatrix}$

$2A+4A = 2\begin{bmatrix} 2 & 0 & 4 \\ 3 & 1 & 2 \\ 1 & -2 & 5 \end{bmatrix} + 4\begin{bmatrix} 2 & 0 & 4 \\ 3 & 1 & 2 \\ 1 & -2 & 5 \end{bmatrix}$

$$= \begin{bmatrix} 4 & 0 & 8 \\ 6 & 2 & 4 \\ 2 & -4 & 10 \end{bmatrix} + \begin{bmatrix} 8 & 0 & 16 \\ 12 & 4 & 8 \\ 4 & -8 & 20 \end{bmatrix}$$

$$= \begin{bmatrix} 12 & 0 & 24 \\ 18 & 6 & 12 \\ 6 & -12 & 30 \end{bmatrix}$$

$\therefore \quad (a+b)A = aA + bA$

④ $a(B-C) = 2\begin{bmatrix} 2 & -5 & -1 \\ 2 & 2 & 0 \\ 0 & -5 & -1 \end{bmatrix} = \begin{bmatrix} 4 & -10 & -2 \\ 4 & 4 & 0 \\ 0 & -10 & -2 \end{bmatrix}$

$$aB - aC = 2\begin{bmatrix} 3 & 1 & 2 \\ 0 & 2 & 4 \\ 5 & -3 & 0 \end{bmatrix} - 2\begin{bmatrix} 1 & 6 & 3 \\ -2 & 0 & 4 \\ 5 & 2 & 1 \end{bmatrix}$$

$$= \begin{bmatrix} 4 & -10 & -2 \\ 4 & 4 & 0 \\ 0 & -10 & -2 \end{bmatrix}$$

$\therefore \quad a(B-C) = aB - aC$

2. ① $A^{-1} = \dfrac{1}{4-6}\begin{bmatrix} 4 & -2 \\ -3 & 1 \end{bmatrix} = \begin{bmatrix} -2 & 1 \\ \frac{3}{2} & -\frac{1}{2} \end{bmatrix}$

② $(A^{-1})^{-1} = \dfrac{1}{1 \quad \frac{3}{2}}\begin{bmatrix} -\frac{1}{2} & -1 \\ -\frac{3}{2} & -2 \end{bmatrix}$

$$= (-2)\begin{bmatrix} -\frac{1}{2} & -1 \\ -\frac{3}{2} & -2 \end{bmatrix} = \begin{bmatrix} 1 & 2 \\ 3 & 4 \end{bmatrix} = A$$

③ $A^{T} = \begin{bmatrix} 1 & 3 \\ 2 & 4 \end{bmatrix}$

$$(A^{T})^{-1} = \frac{1}{4-6}\begin{bmatrix} 4 & -3 \\ -2 & 1 \end{bmatrix} = \begin{bmatrix} -2 & \frac{3}{2} \\ 1 & -\frac{1}{2} \end{bmatrix}$$

$$(A^{-1})^T = \begin{bmatrix} -2 & \frac{3}{2} \\ 1 & -\frac{1}{2} \end{bmatrix}$$

$\therefore \quad (A^T)^{-1} = (A^{-1})^T$

④ $2A = 2\begin{bmatrix} 1 & 2 \\ 3 & 4 \end{bmatrix} = \begin{bmatrix} 2 & 4 \\ 6 & 8 \end{bmatrix}$

$$(2A)^{-1} = \frac{1}{16-24}\begin{bmatrix} 8 & -4 \\ -6 & 2 \end{bmatrix} = \begin{bmatrix} -1 & \frac{1}{2} \\ \frac{3}{4} & -\frac{1}{4} \end{bmatrix}$$

$$\frac{1}{2}A^{-1} = \frac{1}{2}\begin{bmatrix} -2 & 1 \\ \frac{3}{2} & -\frac{1}{2} \end{bmatrix} = \begin{bmatrix} -1 & \frac{1}{2} \\ \frac{3}{4} & -\frac{1}{4} \end{bmatrix}$$

$\therefore \quad (2A)^{-1} = \frac{1}{2}A^{-1}$

⑤ $AB = \begin{bmatrix} 1 & 2 \\ 3 & 4 \end{bmatrix}\begin{bmatrix} 2 & 0 \\ 0 & 5 \end{bmatrix} = \begin{bmatrix} 2 & 10 \\ 6 & 20 \end{bmatrix}$

$$(AB)^{-1} = \frac{1}{40-60}\begin{bmatrix} 20 & -10 \\ -6 & 2 \end{bmatrix} = \begin{bmatrix} -1 & \frac{1}{2} \\ \frac{3}{10} & -\frac{1}{10} \end{bmatrix}$$

$$B^{-1} = \frac{1}{10}\begin{bmatrix} 5 & 0 \\ 0 & 2 \end{bmatrix} = \begin{bmatrix} \frac{1}{2} & 0 \\ 0 & \frac{1}{5} \end{bmatrix}$$

$$B^{-1}A^{-1} = \begin{bmatrix} \frac{1}{2} & 0 \\ 0 & \frac{1}{5} \end{bmatrix}\begin{bmatrix} -2 & 1 \\ \frac{3}{2} & -\frac{1}{2} \end{bmatrix} = \begin{bmatrix} -1 & \frac{1}{2} \\ \frac{3}{10} & -\frac{1}{10} \end{bmatrix}$$

$\therefore \quad (AB)^{-1} = B^{-1}A^{-1}$

3. ① $\mathrm{tr}A = 2+5 = 10$

② $\mathrm{tr}B = 3-4 = -1$

③ $\mathrm{tr}C = 3+4+3 = 10$

④ $AB = \begin{bmatrix} 2 & 4 \\ 0 & 5 \end{bmatrix}\begin{bmatrix} 3 & 3 \\ -2 & -4 \end{bmatrix} = \begin{bmatrix} -2 & -10 \\ -10 & -20 \end{bmatrix}$

$\mathrm{tr}AB = -22$

⑤ $BA = \begin{bmatrix} 3 & 3 \\ -2 & -4 \end{bmatrix}\begin{bmatrix} 2 & 4 \\ 0 & 5 \end{bmatrix} = \begin{bmatrix} 6 & 27 \\ -4 & -28 \end{bmatrix}$

$\mathrm{tr}BA = -22$

⑥ $A+B = \begin{bmatrix} 5 & 7 \\ -2 & 1 \end{bmatrix}$

$\mathrm{tr}(A+B) = 6$

■제2장■함　수

연습문제 • 1

1. ① $f(-1) = -1$
$f(0) = 1$
$f(1) = 1$

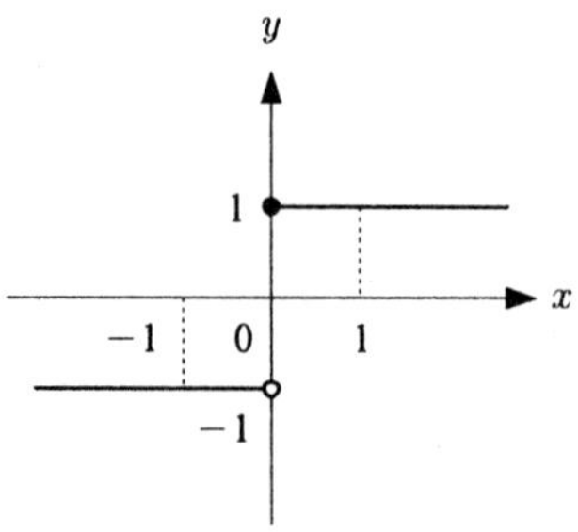

② 정의역 : {모든 실수}
치역 : {−1, 1}

2. ① $(f \circ g)(x) = f(g(x)) = f(2x-1) = (2x-1)^2 + 3$
$= 4x^2 - 4x + 4$

② $(f \circ g)(3) = 4 \times 3^2 - 4 \times 3 + 4$
$= 36 - 12 + 4 = 28$

③ $(g \circ f)(x) = g(f(x)) = g(x^2 + 3) = 2(x^2 + 3) - 1$
$= 2x^2 + 5$

④ $(g \circ f)(-2) = 2(-2)^2 + 5 = 13$

3. ① $f(3) = ?$
$\dfrac{x-1}{x+1} = 3,\ x - 1 = 3x + 3,\ x = -2$
$\therefore\ f(3) = \dfrac{-2-4}{-2+4} = \dfrac{-6}{2} = -3$

② $f(-1) = ?$

$\frac{x-1}{x+1}=-1,\ x-1=-x-1,\ x=0$

$\therefore\quad f(-1)=\frac{0-4}{0+4}=-1$

4. ① $f^{-1}(a)=3,\ f^{-1}(b)=1,\ f^{-1}(c)=2$

② $f^{-1}(a)=3,\ f^{-1}(b)=2,\ f^{-1}(c)=1$

5. ① $f(x)=x+2$

$y=x+2,\ x=y-2$

x와 y를 교체하면

$y=x-2$

$\therefore\quad f^{-1}(x)=x-2$

② $f(x)=x^2-2\ (x\geq 0)$

$y=x^2-2,\ x^2=y+2,\ x=\pm\sqrt{y+2}$

$\therefore\quad x=\sqrt{y+2}\ \because\ (x\geq 0)$

x와 y를 교체하면

$y=\sqrt{x+2}$

$\therefore\quad f^{-1}(x)=\sqrt{x+2}\ (x\geq -2)$

연습문제 • 2

1. ① $y=x+2$

정의역 : {모든 실수}

치　역 : {모든 실수}

② $y=\frac{2}{x+1}$

정의역 : {$x\neq -1$인 모든 실수}

치　역 : {$y \neq 0$인 모든 실수}

③ $y = \sqrt{4-x^2}$

$4 - x^2 \geq 0,\ x^2 - 4 \leq 0,\ (x-2)(x+2) \leq 0$

정의역 : $\{-2 \leq x \leq 2\}$

치　역 : $\{0 \leq y \leq 2\}$

④ $y = x^2 + 4x + 2$

$= (x^2 + 4x + 4) - 2$

$= (x+2)^2 - 2$

정의역 : {모든 실수}

치　역 : $\{y \geq -2\}$

2. ① $y = 2x - 2$

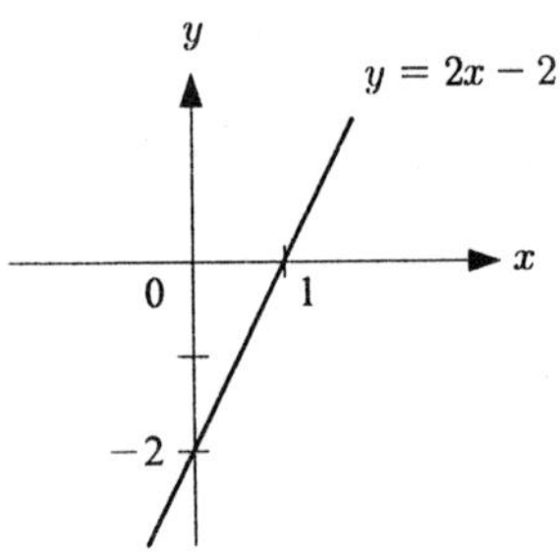

② $y = -x + 2$

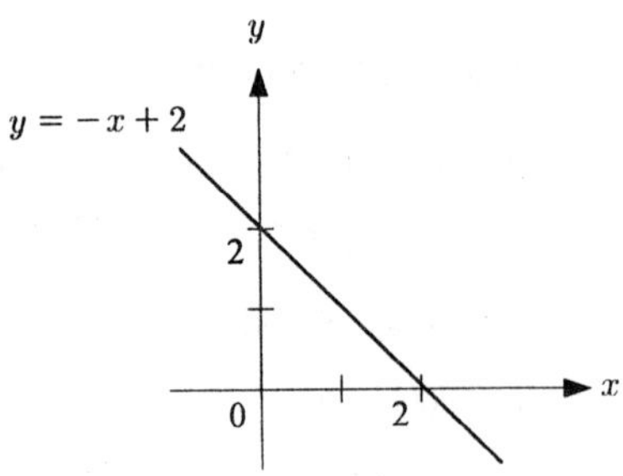

③ $y = |x|$

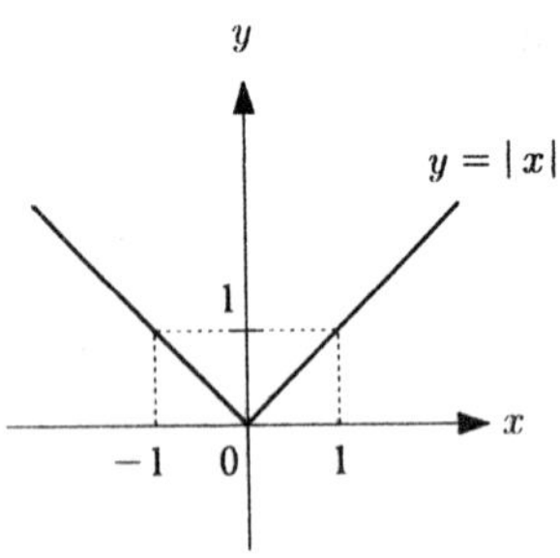

④ $y = -|2x|$

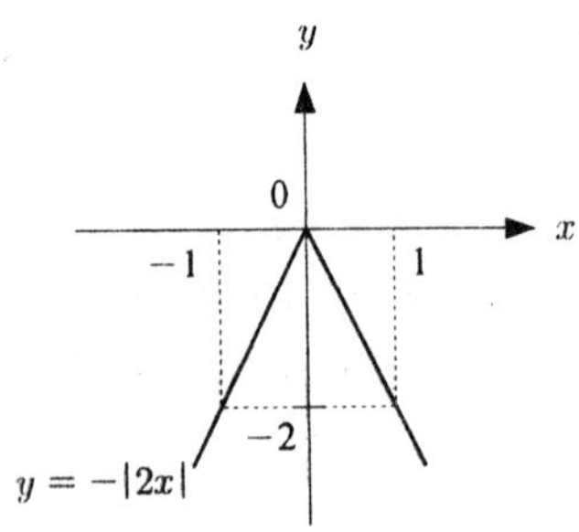

⑤ $y = \dfrac{3}{x}$

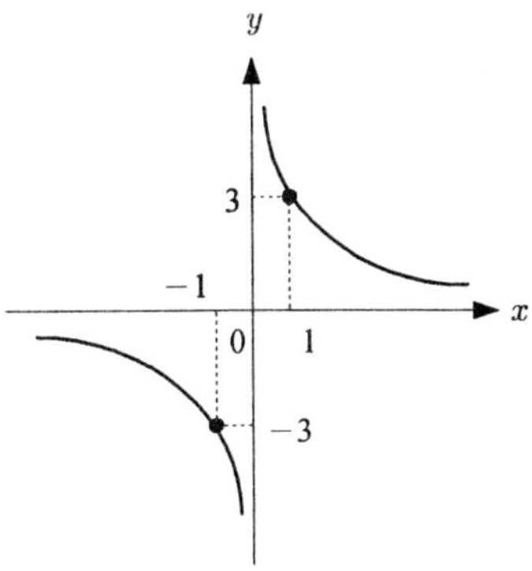

⑥ $y = -\dfrac{2}{x}$

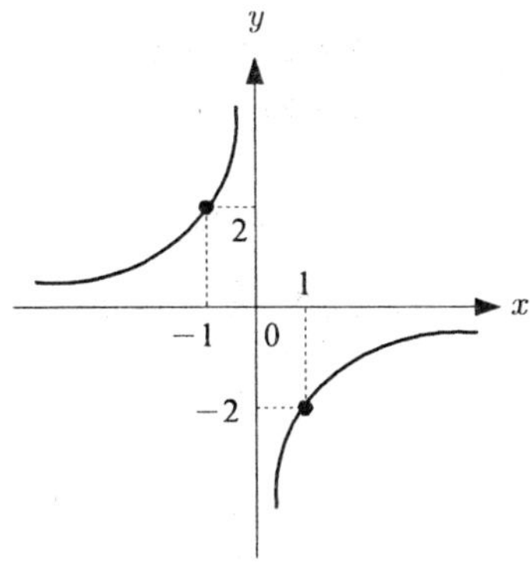

3. ① $y = \dfrac{1}{x+1}$

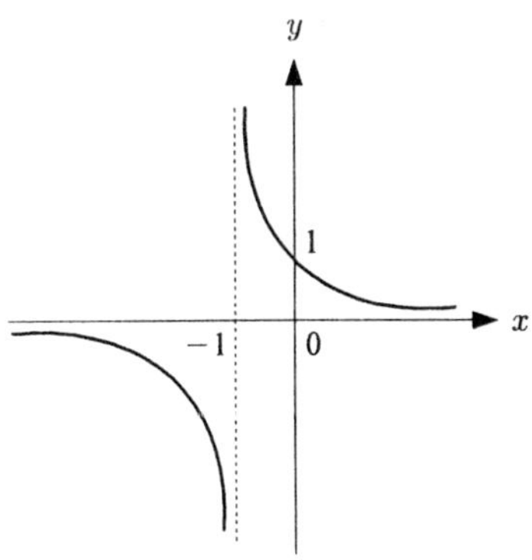

② $y = \dfrac{1}{x+2} - 1$

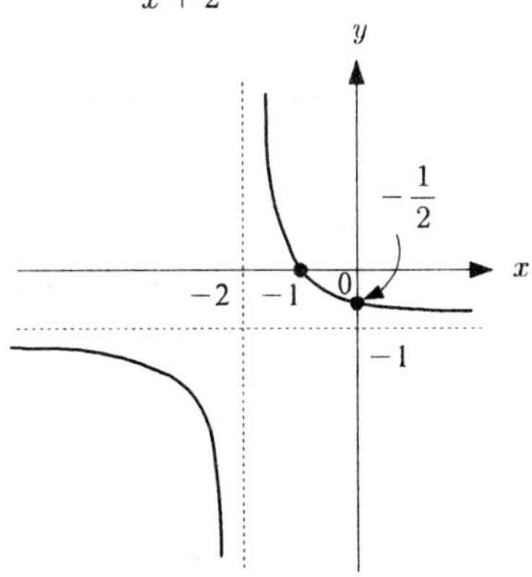

4. ① $a = 2,\ b = -2$

$\therefore\ \ y = 2x - 2$

② $a = -\dfrac{2}{3},\ b = 2$

$\therefore\ \ y = -\dfrac{2}{3}x + 2$

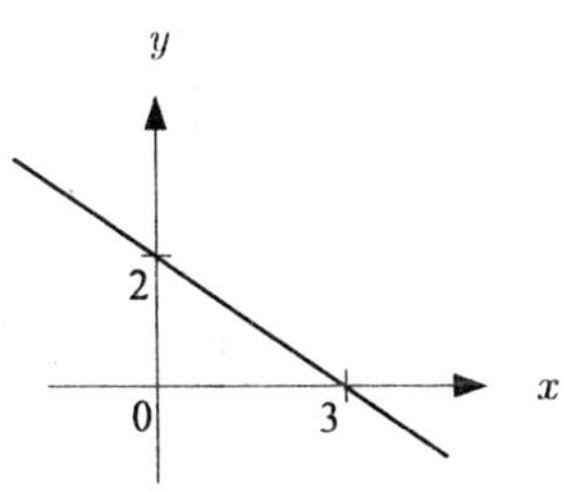

③ $a = 2$이고 점 $(3, 5)$를 지나므로

$y = 2x + b$에서

$$5 = 2 \times 3 + b,\ b = -1$$

$\therefore\ \ y = 2x - 1$

④ 두 점 $(-2, 5)$, $(1, -4)$를 지나므로

$$a = \frac{-4-5}{1-(-2)} = \frac{-9}{3} = -3$$

$y = -3x + b$가 점 $(-2, 5)$를 지나므로

$$5 = -3(-2) + b,\ b = -1$$

$\therefore\ \ y = -3x - 1$

⑤

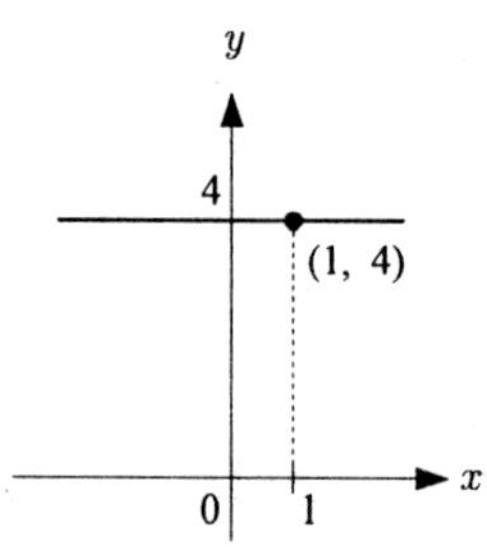

$\therefore\ \ y = 4$

⑥

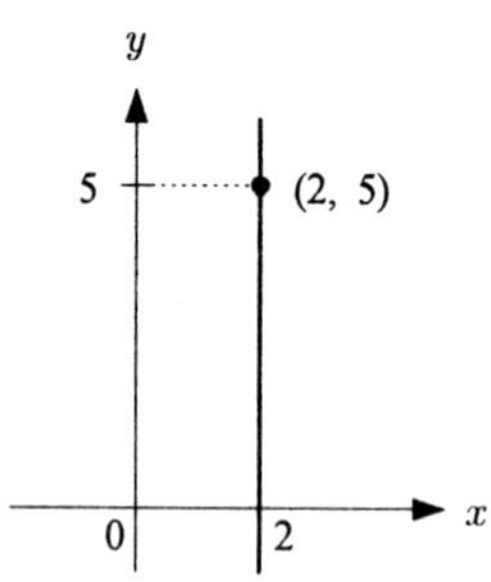

$\therefore\ \ x = 2$

⑦ $y=-3x-1$과 평행하므로

$$a=-3$$

$y=-3x+b$가 점 $(1, 3)$을 지나므로

$$3=-3\times1+b,\ b=6$$

$\therefore\ \ y=-3x+6$

5. $f(x)=\sqrt{x-2}$ 에서 $x-2\geq0$ 이므로

$$x\geq2$$

$\therefore$ 정의역 : $\{x\geq2$인 모든 실수$\}$

$y=\sqrt{x-2}$ 에서

$$y^2=x-2,\ x=y^2+2$$

$y=\sqrt{x-2}\geq0$ 이므로

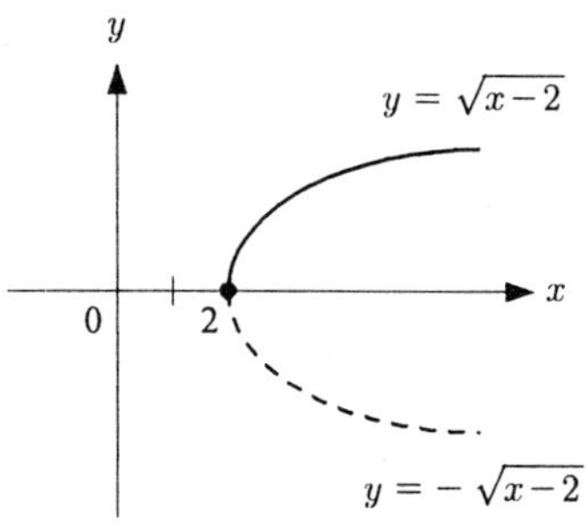

6. $f(x)=\dfrac{2}{x-1}+3$

①

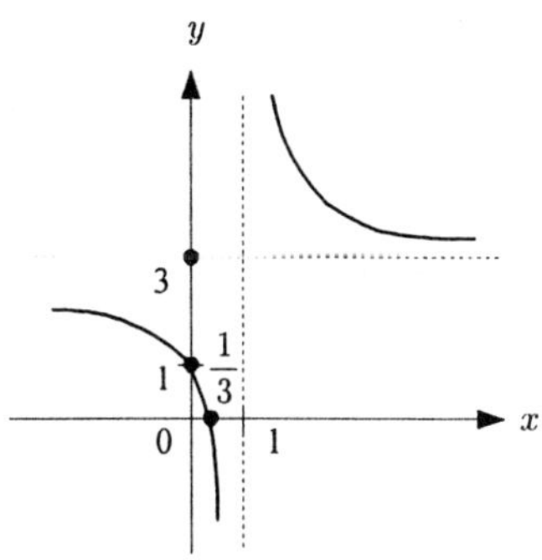

② 정의역 : $\{x\neq1$인 모든 실수$\}$
치　역 : $\{y\neq3$인 모든 실수$\}$

③ $y=\dfrac{2}{x-1}+3$에서

$$x=\frac{2}{y-3}+1$$

x와 y를 교체하면

$$y=\frac{2}{x-3}+1$$

$$\therefore\ \ f^{-1}(x)=\frac{2}{x-3}+1$$

■ 제3장 ■ 미 분 법

연습문제 • 1

1. ① $\lim_{x \to 3}(x^2 - 2x + 5) = 3^2 - 2 \times 3 + 5 = 8$

② $\lim_{x \to 1}\frac{x^2 - 1}{x - 1} = \lim_{x \to 1}\frac{(x-1)(x+1)}{x-1} = \lim_{x \to 1}(x+1) = 2$

③ $$\lim_{x \to 1}\frac{x^3 + x - 2}{x^2 - 1} = \lim_{x \to 1}\frac{(x-1)(x^2+x+2)}{(x-1)(x+1)} = \lim_{x \to 1}\frac{x^2+x+2}{x+1} = \frac{4}{2} = 2$$

④ $$\lim_{x \to 0}\frac{x}{\sqrt{x+1} - 1} = \lim_{x \to 0}\frac{x(\sqrt{x+1}+1)}{(\sqrt{x+1}-1)(\sqrt{x+1}+1)} = \lim_{x \to 0}\frac{x(\sqrt{x+1}+1)}{x} = \lim_{x \to 0}(\sqrt{x+1}+1) = 2$$

⑤ $$\lim_{x \to 4}\frac{x^2 - 3x + 2}{x^2 - 5x + 6} = \lim_{x \to 4}\frac{(x-1)(x-2)}{(x-2)(x-3)} = \lim_{x \to 4}\frac{x-1}{x-3} = \frac{4-1}{4-3} = 3$$

⑥ $\lim_{x \to 0}\frac{2x^2 + 3x}{x} = \lim_{x \to 0}(2x+3) = 3$

2. ① $$\lim_{x \to \infty}\frac{3x^2 + x - 4}{2x^2 - 5} = \lim_{x \to \infty}\frac{3 + \frac{1}{x} - \frac{4}{x^2}}{2 - \frac{5}{x^2}} = \frac{3}{2}$$

② $\lim_{x\to\infty}\frac{3x^2+x-2}{x+1}=\lim_{x\to\infty}\frac{3x+1-\frac{4}{x^2}}{1+\frac{1}{x}}=\infty$

③ $\lim_{x\to\infty}\frac{2x-1}{\sqrt{1+x^2}+1}=\lim_{x\to\infty}\frac{2-\frac{1}{x}}{\sqrt{\frac{1}{x^2}+1}+\frac{1}{x}}=2$

④ $\lim_{x\to\infty}(x^2-3x+2)=\infty$

⑤ $\lim_{x\to\infty}(\sqrt{x+2}-\sqrt{x})=\lim_{x\to\infty}\frac{2}{\sqrt{x+2}+\sqrt{x}}=0$

⑥ $\lim_{x\to 3}\frac{x-3}{\sqrt{x^2+1}-\sqrt{10}}$

$$=\lim_{x\to 3}\frac{(x-3)(\sqrt{x^2+1}+\sqrt{10})}{(\sqrt{x^2+1}-\sqrt{10})(\sqrt{x^2+1}+\sqrt{10})}$$

$$=\lim_{x\to 3}\frac{(x-3)(\sqrt{x^2+1}+\sqrt{10})}{(x-3)(x+3)}$$

$$=\frac{\sqrt{10}+\sqrt{10}}{3+3}=\frac{\sqrt{10}}{3}$$

3. ① $\lim_{x\to 1}\frac{x^2+2ax+b}{x-1}=3$

$x\to 1$일 때 분모 $x-1\to 0$이 되므로

$x\to 1$일 때 분자 $x^2+2ax+b$는 $1+2a+b=0$이 된다.

$\therefore\quad b=-2a-1$

분자는

$$\begin{aligned}x^2+2ax+b&=x^2+2ax-2a-1\\&=(x^2-1)+2a(x-1)\\&=(x-1)(x+2a+1)\end{aligned}$$

이 된다.

$$\lim_{x \to 1} \frac{x^2 + 2ax + b}{x - 1} = \lim_{x \to 1} \frac{(x-1)(x+2a+1)}{x-1}$$

$$\lim_{x \to 1}(x + 2a + 1) = 2 + 2a = 3$$

$\therefore \quad a = \frac{1}{2}, \ b = -2$

② $\lim_{x \to 3} \frac{a\sqrt{x-1} - b}{x - 3} = 2$ 에서

$x \to 3$: 분모 $x - 3 \to 0$

$x \to 3$: 분자 $a\sqrt{2} - b = 0$

$\therefore \quad b = a\sqrt{2}$

$$\begin{aligned} \lim_{x \to 3} \frac{a\sqrt{x-1} - b}{x-3} &= \lim_{x \to 3} \frac{a\sqrt{x-1} - a\sqrt{2}}{x-3} \\ &= \lim_{x \to 3} \frac{a(x-3)}{(x-3)(\sqrt{x-1} + \sqrt{2})} \\ &= \frac{a}{2\sqrt{2}} = 2 \end{aligned}$$

$\therefore \quad a = 4\sqrt{2}, \ b = 8$

연습문제 • 2

1. ① $f(x) = \frac{1}{x-1}$

$x = 1$ 에서 불연속

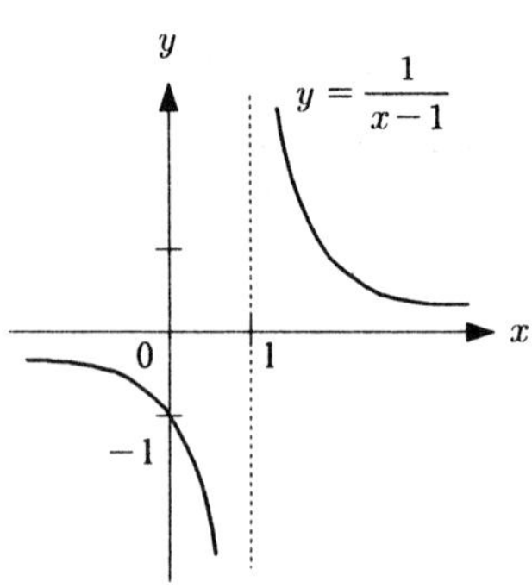

② $f(x) = \begin{cases} x^2 & (x \neq 1) \\ 2 & (x = 1) \end{cases}$

$x=1$ 에서 불연속

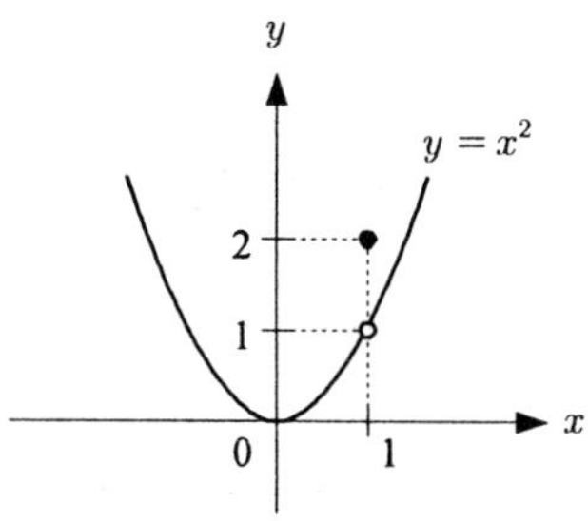

③ $f(x) = \begin{cases} 2x-1 & (x \neq 1) \\ 2 & (x = 1) \end{cases}$

$x=1$ 에서 불연속

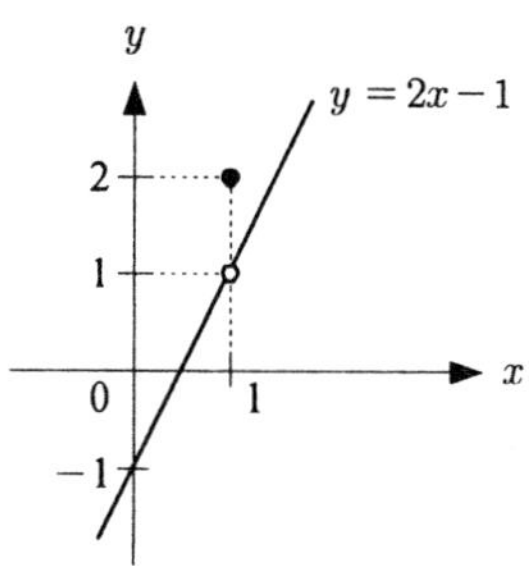

④ $f(x) = \begin{cases} \dfrac{x^2+2x-3}{x^2-1} & (x \neq 1) \\ 2 & (x = 1) \end{cases}$

$$y = \frac{x^2+2x-3}{x^2-1}$$

$$= 1 + \frac{2}{x+1}$$

$x=1$ 에서 연속

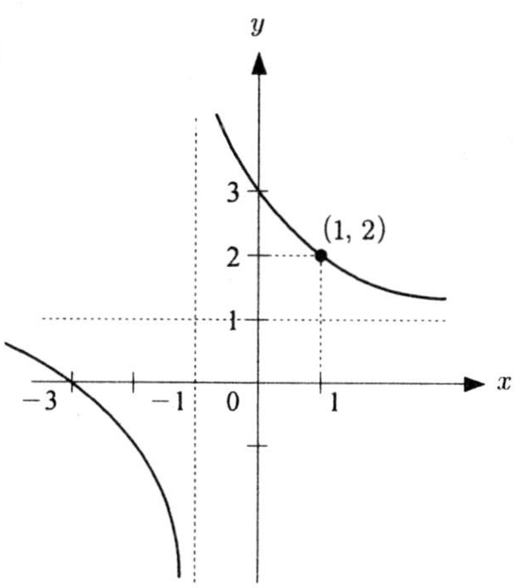

2. $f(x) = \dfrac{4x^2-9}{2x-3} = \dfrac{(2x-3)(2x+3)}{2x-3} = 2x+3$

$$f\left(\frac{3}{2}\right) = 2\times\frac{3}{2}+3 = 6$$

$\therefore\ f\left(\dfrac{3}{2}\right) = 6$일 때 $x = \dfrac{3}{2}$에서 $f(x)$가 연속

3. $f(x) = \dfrac{\sqrt{2+x}-\sqrt{2-x}}{x}$에서 $x \neq 0$을 만족해야 하므로 $x=0$에서 불연속

$$f(x) = \frac{\sqrt{2+x}-\sqrt{2-x}}{x} = \frac{(2+x)-(2-x)}{x(\sqrt{2+x}+\sqrt{2-x})}$$

$$= \frac{2}{\sqrt{2+x}+\sqrt{2-x}}$$ 에서

$$f(0) = \frac{2}{2\sqrt{2}} = \frac{\sqrt{2}}{2}$$

$\therefore\ x=0$일 때 $f(0) = \dfrac{\sqrt{2}}{2}$이면 $x=0$에서 연속

연습문제 • 3

1. ① $f(x) = 2x^2+1\ \ [1, 3]$

$$\frac{\Delta y}{\Delta x} = \frac{f(3)-f(1)}{3-1} = \frac{(2\times3^2+1)-(2\times1^2+1)}{2}$$

$$= \frac{18-2}{2} = 8$$

② $f(x) = x^2-8x+12\ \ [5, 7]$

$$\frac{\Delta y}{\Delta x} = \frac{f(7)-f(5)}{7-5} = \frac{(7^2-8\times7+12)-(5^2-8\times5+12)}{2}$$

$$= \frac{5-(-3)}{2} = 4$$

2. ① $f(x) = x^2 + 3 \quad (x = 4)$

$$f'(4) = \lim_{\Delta x \to 0} \frac{f(4+\Delta x) - f(4)}{\Delta x}$$
$$= \lim_{\Delta x \to 0} \frac{(4+\Delta x)^2 - 4^2}{\Delta x}$$
$$= \lim_{\Delta x \to 0} \frac{8\Delta x + \Delta x^2}{\Delta x}$$
$$= \lim_{\Delta x \to 0} (8 + \Delta x) = 8$$

② $f(x) = \dfrac{1}{\sqrt{x}} \quad (x = 2)$

$$f'(2) = \lim_{\Delta x \to 0} \frac{f(2+\Delta x) - f(2)}{\Delta x}$$
$$= \lim_{\Delta x \to 0} \frac{\dfrac{1}{\sqrt{2+\Delta x}} - \dfrac{1}{\sqrt{2}}}{\Delta x}$$
$$= \lim_{\Delta x \to 0} \frac{1}{\Delta x} \cdot \frac{\sqrt{2} - \sqrt{2+\Delta x}}{\sqrt{2} \cdot \sqrt{2+\Delta x}}$$
$$= \lim_{\Delta x \to 0} \frac{1}{\Delta x} \cdot \frac{2 - 2 - \Delta x}{\sqrt{2} \cdot \sqrt{2+\Delta x}\,(\sqrt{2} + \sqrt{2+\Delta x})}$$
$$= \lim_{\Delta x \to 0} \frac{-1}{\sqrt{2} \cdot \sqrt{2+\Delta x}\,(\sqrt{2} + \sqrt{2+\Delta x})}$$
$$= -\frac{1}{4\sqrt{2}}$$

③ $f(x) = \sqrt{x} \quad (x = 4)$

$$f'(4) = \lim_{\Delta x \to 0} \frac{f(4+\Delta x) - f(4)}{\Delta x}$$
$$= \lim_{\Delta x \to 0} \frac{\sqrt{4+\Delta x} - \sqrt{4}}{\Delta x}$$
$$= \lim_{\Delta x \to 0} \frac{4 + \Delta x - 4}{\Delta x(\sqrt{4+\Delta x} + \sqrt{4})}$$
$$= \frac{1}{4}$$

④ $f(x) = \frac{1}{x^2} \quad (x=3)$

$$f'(3) = \lim_{\Delta x \to 0} \frac{f(3+\Delta x) - f(3)}{\Delta x}$$

$$= \lim_{\Delta x \to 0} \frac{\frac{1}{(3+\Delta x)^2} - \frac{1}{3^2}}{\Delta x}$$

$$= \lim_{\Delta x \to 0} \frac{1}{\Delta x} \cdot \frac{3^2 - (3+\Delta x)^2}{3^2(3+\Delta x)^2}$$

$$= \lim_{\Delta x \to 0} \frac{-6-\Delta x}{9(3+\Delta x)^2}$$

$$= -\frac{2}{27}$$

3. ① $f(x) = x^2 + 2x \quad (2, 8)$

$$f'(x) = 2x + 2$$

$$\therefore \quad f'(2) = 2\times 2 + 2 = 6$$

② $f(x) = x^3 + 1 \quad (1, 2)$

$$f'(x) = 3x^2$$

$$\therefore \quad f'(1) = 3\times 1^2 = 3$$

③ $f(x) = \frac{1}{x+1} \quad \left(3, \frac{1}{4}\right)$

$$f'(x) = -(x+1)^{-2} = -\frac{1}{(x+1)^2}$$

$$\therefore \quad f'(3) = -\frac{1}{(3+1)^2} = -\frac{1}{16}$$

④ $f(x) = \sqrt{x-2} \quad (6, 2)$

$$f'(x) = \frac{1}{2}(x-2)^{-\frac{1}{2}} = \frac{1}{2\sqrt{x-2}}$$

$$\therefore \quad f'(6) = \frac{1}{2\sqrt{6-2}} = \frac{1}{4}$$

4. $f(x) = 2x^3$

① $f'(x) = 6x^2$

$f(2x) = 2(2x)^3 = 2\times 8x^3 = 16x^3$

$f'(2x) = 48x^2$

② $f'(f(x)) = f'(2x^3) = 6(2x^3)^2 = 24x^6$

$f(f'(x)) = f(6x^2) = 2(6x^2)^3 = 432x^6$

③ $g(x) = f(2x) = 16x^3$

$\therefore \quad g'(x) = 48x^2$

연습문제 • 4

1. ① $y = 3x^2 - 2x + 1$

$y' = 6x - 2$

② $y = (x^3 + 5x)^2$

$y' = 2(x^3 + 5x)(x^3 + 5x)'$

$= 2(3x^2 + 5)(x^3 + 5x)$

③ $y = \dfrac{1}{x^4 - 2x^3}$

$y' = \dfrac{-(x^4 - 2x^3)'}{(x^4 - 2x^3)^2} = \dfrac{-2x^2(2x-3)}{(x^4 - 2x^3)^2}$

④ $y = \sqrt{x+1}$

$y' = \dfrac{1}{2}(x+1)^{\frac{1}{2}} = \dfrac{1}{2\sqrt{x+1}}$

2. ① $y = (x+2)(3x^4 + x^2 + 5)$

$y' = (x+2)'(3x^4 + x^2 + 5) + (x+2)(3x^4 + x^2 + 5)'$

$= 3x^4 + x^2 + 5 + 12x^4 + 24x^3 + 2x^2 + 4x$

$$= 15x^4 + 24x^3 + 3x^2 + 4x + 5$$

② $y = \dfrac{x^2+3}{x^3+5}$

$$y' = \frac{(x^2+3)'(x^3+5) - (x^2+3)(x^3+5)'}{(x^3+5)^2}$$

$$= \frac{2x(x^3+5) - 3x^2(x^2+3)}{(x^3+5)^2}$$

$$= \frac{-x(x^3+9x-10)}{(x^3+5)^2}$$

③ $y = (x+2)(x^2+x)(2x^3+5)$

$$y' = (x+2)'(x^2+x)(2x^3+5) + (x+2)(x^2+x)'(2x^3+5) + (x+2)(x^2+x)(2x^3+5)'$$

$$= (x^2+x)(2x^3+5) + (x+2)(2x+1)(2x^3+5) + (x+2)(x^2+x)(6x^2)$$

$$= 2x^5 + 2x^4 + 5x^2 + 5x + 4x^5 + 10x^4 + 4x^3 + 10x^2 + 25x + 10 + 6x^5 + 18x^4 + 12x^3$$

$$= 12x^5 + 30x^4 + 16x^3 + 15x^2 + 30x + 10$$

④ $y = \dfrac{(x+2)(x^2+1)}{2x+3} = \dfrac{x^3+2x^2+x+2}{2x+3}$

$$y' = \frac{(3x^2+4x+1)(2x+3) - (x^3+2x^2+x+2)(2)}{(2x+3)^2}$$

$$= \frac{6x^3+17x^2+14x+3-2x^3-4x^2-2x-4}{(2x+3)^2}$$

$$= \frac{4x^3+13x^2+12x-1}{(2x+3)^2}$$

3. ① $y = \sqrt{3x^2+4x+5} = (3x^2+4x+5)^{\frac{1}{2}}$

$$y' = \frac{1}{2}(3x^2+4x+5)^{-\frac{1}{2}} \cdot (3x^2+4x+5)'$$

$$= \frac{3x+2}{\sqrt{3x^2+4x+5}}$$

② $y = 5(2x^3+5x)^2$

$$y' = 5 \times 2(2x^3+5x)(2x^3+5x)'$$
$$= 10(6x^2+5)(2x^3+5x)$$

③ $y = \dfrac{1}{(x^2+3x)^3} = (x^2+3x)^{-3}$

$$y' = -3(x^2+3x)^{-4} \cdot (x^2+3x)'$$
$$= -\frac{3(2x+3)}{(x^2+3x)^4}$$

④ $y = \dfrac{x^2}{(2x+3)^3}$

$$y' = \frac{(x^2)'(2x+3)^3 - x^2\{(2x+3)^3\}'}{(2x+3)^6}$$
$$= \frac{2x(2x+3)^3 - x^2 \cdot 3(2x+3)^2 \cdot 2}{(2x+3)^6}$$
$$= \frac{2x(2x+3)^3 - 6x^2(2x+3)^2}{(2x+3)^6}$$
$$= \frac{-2x(x-3)(2x+3)^2}{(2x+3)^6}$$
$$= \frac{-2x(x-3)}{(2x+3)^4}$$

4. ① $x^3y = 5$

$$3x^2y + x^3\frac{dy}{dx} = 0$$
$$\therefore \quad \frac{dy}{dx} = -\frac{3x^2y}{x^3} = -\frac{3y}{x}$$

② $x^2 - 3xy + 2y^2 = 0$

$$2x - 3y - 3x\frac{dy}{dx} + 4y\frac{dy}{dx} = 0$$

$$(-3x + 4y)\frac{dy}{dx} = -2x + 3y$$

$$\therefore \quad \frac{dy}{dx} = \frac{2x - 3y}{3x - 4y}$$

③ $\dfrac{y}{x^2} + \dfrac{x}{y} = 2$

$$yx^{-2} + xy^{-1} = 2$$

$$\frac{dy}{dx}x^{-2} - 2x^{-3}y + y^{-1} - xy^{-2}\frac{dy}{dx} = 0$$

$$(x^{-2} - xy^{-2})\frac{dy}{dx} = 2x^{-3}y - y^{-1}$$

$$\therefore \quad \frac{dy}{dx} = \frac{2x^{-3}y - y^{-1}}{x^{-2} - xy^{-2}} = \frac{y(2y^2 - x^3)}{x(y^2 - x^3)}$$

④ $x^2 = y\sqrt{1+2y} = y(1+2y)^{\frac{1}{2}}$

$$3x^2 = \frac{dy}{dx}(1+2y)^{\frac{1}{2}} + y \cdot \frac{1}{2}(1+2y)^{-\frac{1}{2}}(2) \cdot \frac{dy}{dx}$$

$$3x^2 = \sqrt{1+2y}\frac{dy}{dx} + \frac{y}{\sqrt{1+2y}} \cdot \frac{dy}{dx}$$

$$= \left(\sqrt{1+2y} + \frac{y}{\sqrt{1+2y}}\right)\frac{dy}{dx}$$

$$= \frac{1+3y}{\sqrt{1+2y}}\frac{dy}{dx}$$

$$\therefore \quad \frac{dy}{dx} = \frac{3x^2\sqrt{1+2y}}{1+3y}$$

■ 제4장 ■ 미분법의 응용

연습문제 • 1

1. ① $f(x) = 2x^3 - 5x^2 + 4$ (2, 0)

$f'(x) = 6x^2 - 10x$

$f'(2) = 6 \times 4 - 10 \times 2 = 4$

접선의 기울기 : 4

법선의 기울기 : $-\frac{1}{4}$

② $f(x) = -x^3 + 3x^2 - 3x$ (2, −2)

$f'(x) = -3x^2 + 6x - 3$

$f'(2) = -3 \times 4 + 6 \times 2 - 3 = -3$

접선의 기울기 : −3

법선의 기울기 : $\frac{1}{3}$

2. $f(x) = 2x^2 - 4x - 6$

① $f'(x) = 4x - 4$

$4x - 4 = 0$

$\therefore \ x = 1, \ f(1) = -8$

기울기 0이고 점 (1, −8)을 지나는 직선

$\therefore \ y = -8$

② $4x - 4 = 4, \ \therefore \ x = 2, \ f(2) = -6$

기울기 4이고 점 (2, −6)을 지나는 직선

$y + 6 = 4(x - 2)$

$\therefore \ y = 4x - 14$

3. $f(x) = x^4 - 4x^2$

$f'(x) = 4x^3 - 8x$

점 $(2, 0)$이므로 $f'(2) = 4 \times 8 - 8 \times 2 = 16$

접선의 방정식 : $y - 0 = 16(x - 2)$

$\therefore \quad y = 16x - 32$

법선의 방정식 : $y - 0 = -\dfrac{1}{16}(x - 2)$

$\therefore \quad y = -\dfrac{1}{16}x + \dfrac{1}{8}$

4. $f(x) = x^2 - 2x + 3$

$f'(x) = 2x - 2$

직선 $2x + 12y = 5$와 수직이므로

$12y = -2x + 5$

$y = -\dfrac{1}{6}x + \dfrac{5}{12}$

기울기는 6이 된다.

$2x - 2 = 6$, $x = 4$, $f(4) = 11$

접선의 방정식은 기울기 6이고 점 $(4, 11)$을 지나므로

$y - 11 = 6(x - 4)$

$\therefore \quad y = 6x - 13$

연습문제 • 2

1. ① $f(x) = -2x^3 + 3x^2 + 1$

$f'(x) = -6x^2 + 6x$

$= -6x(x - 1)$

$f'(x) = 0 : x = 0, 1$

x	……	0	……	1	……
$f'(x)$	$-$	0	$+$	0	$+$
$f(x)$	↘	1	↗	2	↘
		극소		극대	

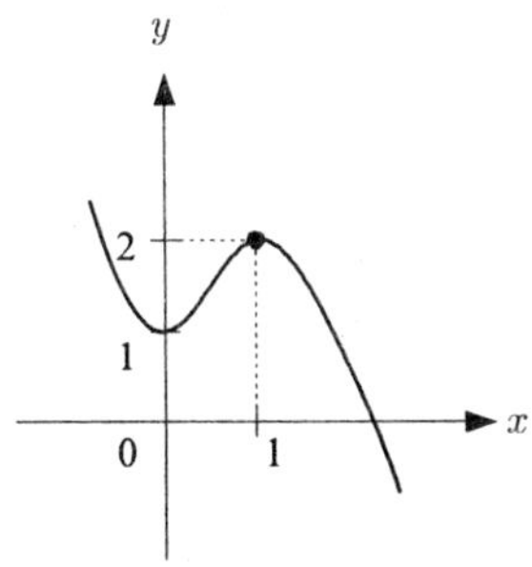

$x=0$ 에서 극소값 1

$x=1$ 에서 극대값 2

② $f(x)=x^3-3x^2-9x+5$

$f'(x)=3x^2-6x-9$

$=3(x^2-2x-3)$

$=3(x-3)(x+1)$

$f'(x)=0 : x=-1,\ 3$

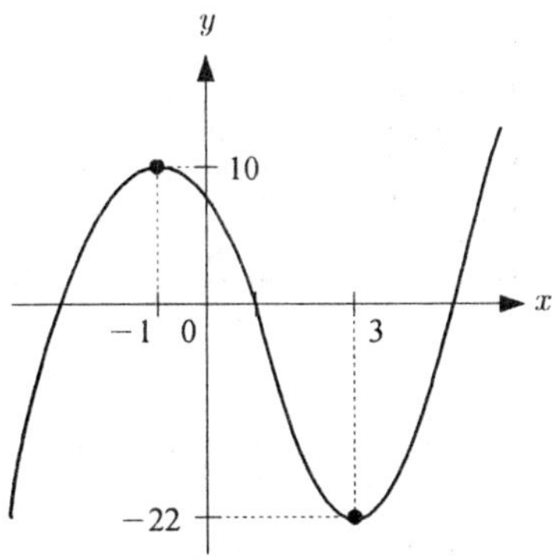

x	……	-1	……	3	……
$f'(x)$	$+$	0	$-$	0	$+$
$f(x)$	↗	10	↘	-22	↗
		극대		극소	

$x=-1$ 에서 극대값 10

$x=3$ 에서 극소값 -22

③ $f(x) = 2x^4 - 4x^3 - 4x^2 + 3$

$f'(x) = 8x^3 - 12x^2 - 8x$

$= 4x(2x^2 - 3x - 2)$

$= 4x(x-2)(2x+1)$

$f'(x) = 0 : x = -\frac{1}{2},\ 0,\ 2$

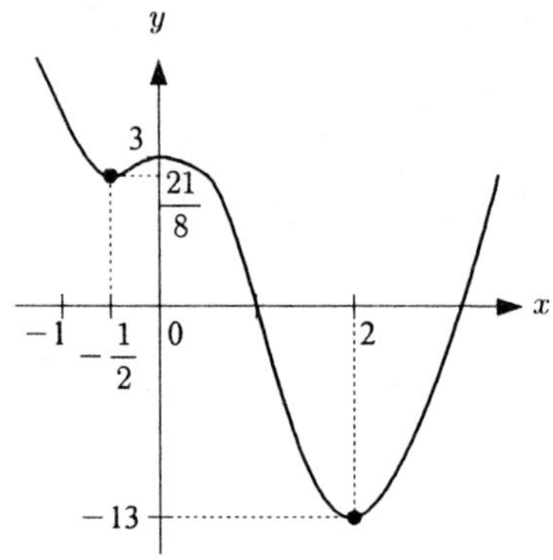

x	……	$-\frac{1}{2}$	……	0	……	2	……
$f'(x)$	−	0	+	0	−	0	+
$f(x)$	↘	$\frac{21}{8}$	↗	3	↘	−13	↗
		극대		극소		극소	

$f\left(-\frac{1}{2}\right) = \frac{2}{16} + \frac{4}{8} - \frac{4}{4} + 3 = \frac{21}{8}$ (극소값)

$f(0) = 3$ (극대값)

$f(2) = 2 \times 16 - 4 \times 8 - 4 \times 4 + 3$

$= -13$ (극소값)

④ $f(x) = x^4 - 4x^3 + 8$

$f'(x) = 4x^3 - 12x^2$

$= 4x^2(x-3)$

$f'(x) = 0 : x = 0,\ 3$

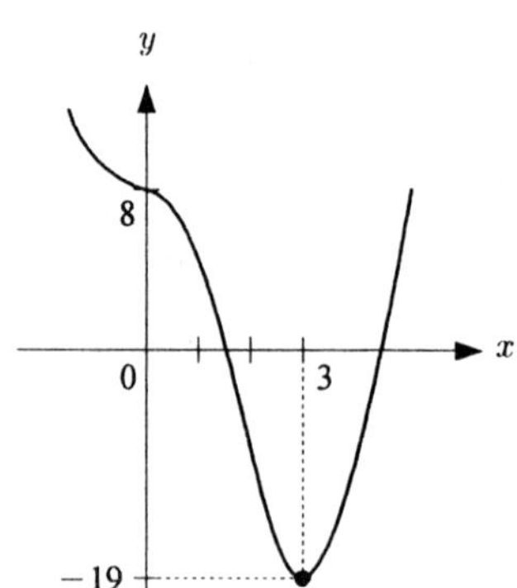

x	……	0	……	3	……
$f'(x)$	−	0	−	0	+
$f(x)$	↘	8	↘	−19	↗
				극소	

$x=3$ 에서 극소값 -19

2. ① $y=x^3-12x+5$ $[-3, 3]$

$f'(x)=3x^2-12$

$=3(x^2-4)$

$=3(x-2)(x+2)$

$f'(x)=0 : x=-2, 2$

x	−3	……	−2	……	2	……	3
$f'(x)$		+	0	−	0	+	
$f(x)$	14	↗	21	↘	−11	↗	−3
			최대		최소		

$f(-3)=(-3)^3-12(-3)+5$

$=-27+36+5$

$=14$

$f(-2)=-8+24+5=21$

$f(2)=8-24+5=-11$

$f(3)=27-36+5=-3$

$x=-2$ 에서 최대값 21

$x=2$ 에서 최소값 -11

② $f(x)=x^2+\dfrac{1}{x^2}$ $[-2, 3]$

$f'(x)=2x-2x^{-3}$

$$= \frac{2x^4 - 2}{x^3}$$

$$= \frac{2(x-1)(x+1)(x^2+1)}{x^3}$$

$f'(x) = 0 : x = -1,\ 1\ \ (x \neq 0)$

x	-2	⋯⋯	-1	⋯⋯	0	⋯⋯	1	⋯⋯	3
$f'(x)$		$-$	0	$+$		$-$	0	$+$	
$f(x)$	$\frac{17}{4}$	↘	2	↗		↘	2	↗	$\frac{82}{9}$
			최소				최소		

$f(-2) = 4 + \dfrac{1}{4} = \dfrac{17}{4}$

$f(-1) = 1 + 1 = 2$

$f(1) = 2$

$f(3) = 9 + \dfrac{1}{9} = \dfrac{82}{9}$

$x = -1,\ 1$에서 최소값 2
최대값은 없다.

③ $f(x) = |x| + |x+1|$ $\qquad [-1, 0]$
$[-1, 0]$에서 $|x| = -x$
$|x+1| = x+1$
이 되므로

$$f(x) = -x + x + 1 = 1$$

이 되어 최소값, 최대값 모두 1이다.

3. $f(x) = x^3 + ax^2 - bx$에서 $f(-1) = 5$이므로 $-1 + a + b = 5$
$\therefore\ \ a + b = 6$

$$f'(x) = 3x^2 + 2ax - b$$

$x = -1$ 에서 극값을 갖기 위해서는

$$f'(-1) = 3 - 2a - b = 0$$

$\therefore\ \ 2a + b = 3$

따라서, $a = -3,\ b = 9$

4. $f(x) = 2x^3 + ax^2 + 10$

$$f'(x) = 6x^2 + 2ax$$
$$= 2x(3x + a)$$

$f'(x) = 0 : x = 0,\ -\dfrac{a}{3}$

$f(0) = 10$ 이므로

$x = -\dfrac{a}{3}$, 3에서 최소값이 나와야 한다.

(i) $x = -\dfrac{a}{3}$ 에서 최소값인 경우

$$0 < -\frac{a}{3} < 3,\ -9 < a < 0$$

$$f\left(-\frac{a}{3}\right) = \frac{-2a^3}{27} + \frac{a^3}{9} + 10 = 2$$

$$\frac{a^3}{27} = -8,\ a^3 = 3^3 \times (-2)^3 = (-6)^3$$

$\therefore\ \ a = -6$ 이 되어 성립

(ii) $x = 3$ 에서 최소값인 경우

$$-\frac{a}{3} > 3,\ a < -9$$

$$f(3) = 54 + 9a + 10 = 2$$

$9a = -62,\ a = -\dfrac{62}{9}$ 가 되어 성립하지 않음.

따라서 $a = -6$

연습문제 • 3

1. ① $y = x^3 - 12x + 2$

$y' = 3x^2 - 12 = 3(x-2)(x+2)$

$y' = 0 : x = -2, 2$

$y'' = 6x$

$y'' = 0 : x = 0$

x	……	-2	……	0	……	2	……
y'	+	0	−		−	0	+
y''	⌒		⌒	0	◡		◡
y	↗	16	↘	2	↘	−14	↗
		극대				극소	

$f(-2) = -8 + 24 + 2 = 16$ (극대값)
$f(0) = 2$
$f(2) = 8 - 24 + 2 = -14$ (극소값)

변곡점 $(0, 2)$

$x < 0$ 에서 아래로 오목하고
$x > 0$ 에서 위로 오목하다.

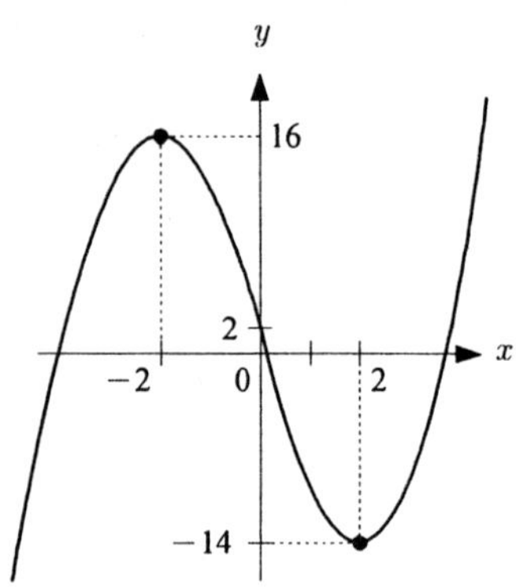

② $y = 3x^2 - 6x + 5$

$y' = 6x - 6 = 6(x-1)$

$y' = 0 : x = 1$

$y'' = 6\,(>0)$

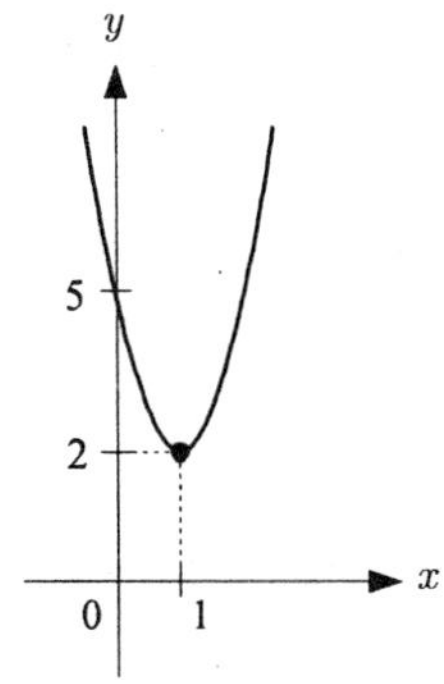

x	……	1	……
y'	−	0	+
y''	∪		∪
y	↘	2	↗

극소

$f(1) = 3 - 6 + 5 = 2$(극소값)

변곡점은 없으며 전구간에서 위로 오목

③ $y = x^4 - 6x^2 - 8x + 7$

$y' = 4x^3 - 12x - 8$

$= 4(x^3 - 3x - 2)$

$= 4(x-2)(x+1)^2$

$(y' = 0 : x = -1,\ 2)$

$y'' = 12x^2 - 12$

$= 12(x-1)(x+1)$

$(y'' = 0 : x = -1,\ 1)$

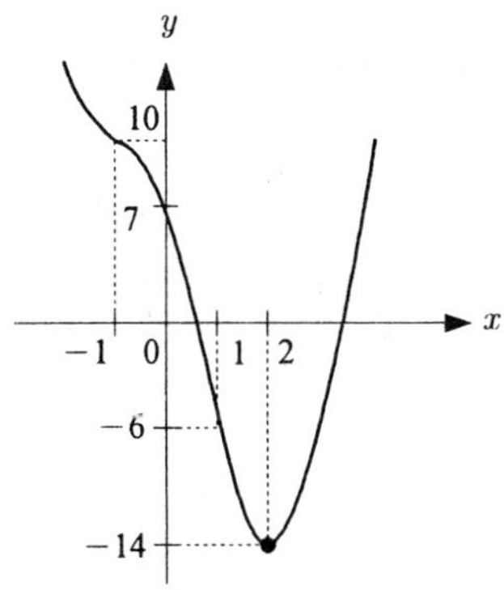

x	……	−1	……	1	……	2	……
y'	−	0	−		−	0	+
y''	∪	0	∩	0	∪		∪
y	↘	10	↘	−6	↘	−14	↗

극소

$f(-1) = 1 - 6 + 8 + 7 = 10$
$f(1) = 1 - 6 - 8 + 7 = -6$
$f(2) = 16 - 24 - 16 + 7 = -14$(극소값)

변곡점 $(-1, 10)$, $(1, -6)$
$x < -1$, $x > 1$에서 위로 오목하고
$-1 < x < 1$에서 아래로 오목하다.

④ $y = (x+2)^{\frac{3}{2}} + 1$

$y' = \frac{3}{2}(x+2)^{\frac{1}{2}} = \frac{3}{2}\sqrt{x+2}\ (x \geq -2)$

$(y' = 0 : x = -2)$

$y'' = \frac{3}{2} \cdot \frac{1}{2}(x+2)^{-\frac{1}{2}} = \frac{1}{4\sqrt{x+2}}\ (x > -2)$

($y' = 0$이 되는 x는 없다.)

x	-2	……
y'	0	+
y''		◡
y	1	↗

극소

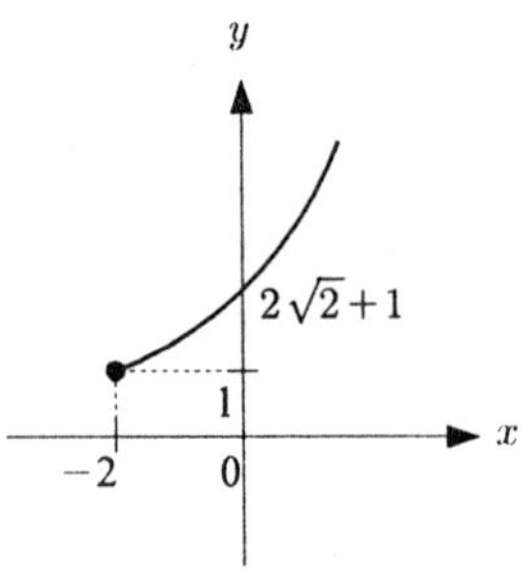

$f(-2) = 1$(극소값)
변곡점 없음.
$x > -2$에서 위로 오목하다.

⑤ $y = x + \frac{1}{x} = x + x^{-1}$

$y' = 1 - x^{-2} = \frac{x^2 - 1}{x^2} = \frac{(x-1)(x+1)}{x^2}$

$y' = 0 : x = -1,\ 1\ (x \neq 0)$

$y'' = 0$이 되는 x는 없음.

x	……	-1	……	0	……	1	……
y'	$+$	0	$-$		$-$	0	$+$
y''	⌒		⌒		⌣		⌣
y	↗	-2	↘		↘	2	↗
		극대				극소	

$f(-1) = -1 - 1 = -2$(극대)

$f(1) = 1 + 1 = 2$(극소)

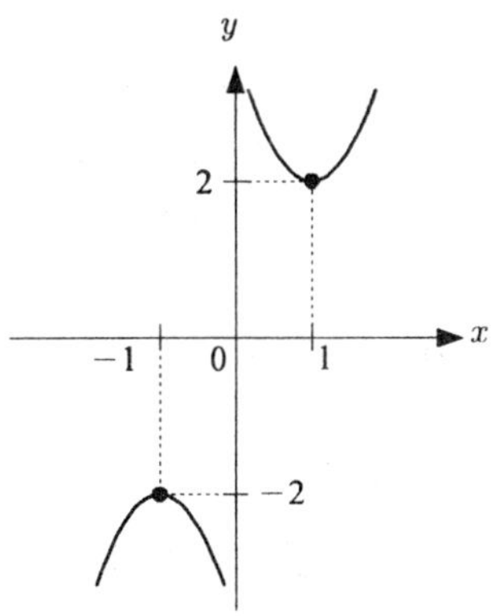

변곡점 없으며

$x < 0$에서 아래로 오목하고

$x > 0$에서 위로 오목하다.

⑥ $y = x + 1 + \dfrac{1}{x-1}$

$= (x+1) + (x-1)^{-1}$

$y' = 1 - (x-1)^{-2}$

$= \dfrac{(x-1)^2 - 1}{(x-1)^2} \; (x \neq 1)$

$= \dfrac{x(x-2)}{(x-1)^2}$

$(y' = 0 : x = 0,\ 2)$

$y'' = 2(x-1)^{-3} = \dfrac{2}{(x-1)^3} \; (x \neq 1)$

($y'' = 0$이 되는 x는 없다.)

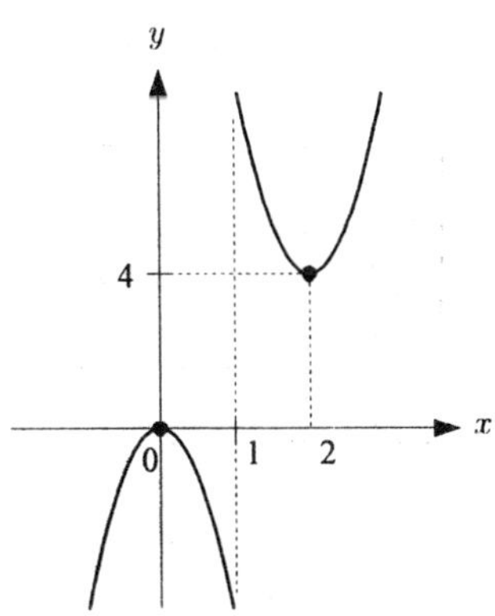

x	……	0	……	1	……	2	……
y'	+	0	−	▨	−	0	+
y''	⌒		⌒	▨	⌣		⌣
y	↗	0	↘	▨	↘	4	↗
		극대				극소	

$f(0) = 1 - 1 = 0$ (극대값)
$f(2) = 2 + 1 + 1 = 4$ (극소값)

변곡점이 없으며
$x < 1$ 에서 아래로 오목
$x > 1$ 에서 위로 오목

⑦ $y = \dfrac{1}{x^2} = x^{-2} \quad (x \neq 0)$

$y' = -2x^{-3} = \dfrac{-2}{x^3} \quad (x \neq 0)$

$y' = 0$ 이 되는 x 는 없다.

$y'' = 6x^{-4} = \dfrac{6}{x^4} \quad (x \neq 0)$

$y'' = 0$ 이 되는 x 는 없다.

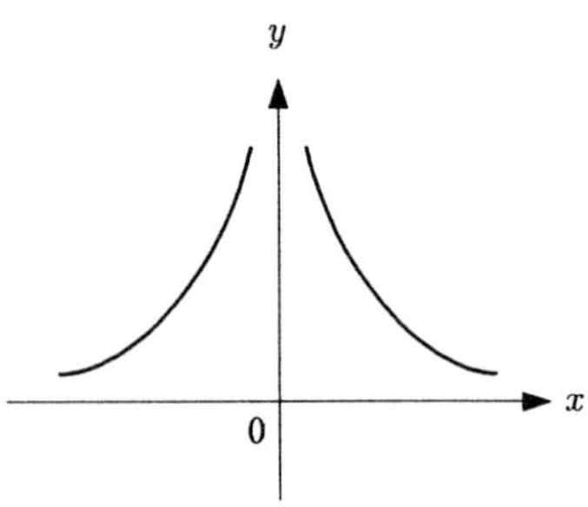

x	……	0	……
y'	+	▨	−
y''	⌣	▨	⌣
y	↗	▨	↘

변곡점과 극값이 없다.
$x < 0$, $x > 0$ 에서 위로 오목

⑧ $y = \dfrac{1}{(x-1)^2} = (x-1)^{-2}$

$y' = -2(x-1)^{-3} = \dfrac{-2}{(x-1)^3}$

$y' = 0$ 이 되는 x 는 없다.

$y'' = 6(x-1)^{-4} = \dfrac{6}{(x-1)^4}$

$y'' = 0$ 이 되는 x 는 없다.

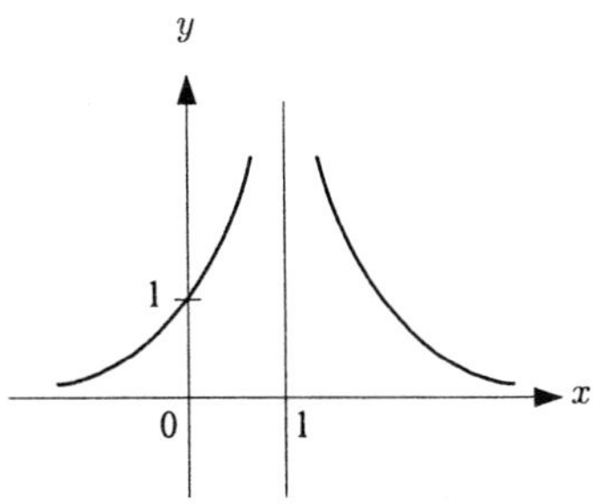

x	……	1	……
y'	+		−
y''	⌣		⌣
y	↗		↘

■ 제5장 ■ 적 분

연습문제 • 1

1. ① $\displaystyle\int\left(2x^3+\frac{4}{x^2}\right)dx=\int(2x^3+4x^{-2})\,dx$

$$=\frac{2}{3+1}x^{3+1}+\frac{4}{-2+1}x^{-2+1}+C$$

$$=\frac{1}{2}x^4-4\frac{1}{x}+C$$

② $\displaystyle\int\frac{x^2+6x+8}{x+2}dx=\int\frac{(x+2)(x+4)}{x+2}dx$

$$=\int(x+4)\,dx=\frac{1}{2}x^2+4x+C$$

③ $\displaystyle\int\frac{x^2}{x-1}dx-\int\frac{1}{x-1}dx=\int\frac{x^2-1}{x-1}dx$

$$=\int(x+1)\,dx=\frac{1}{2}x^2+x+C$$

④ $\displaystyle\int\left(2x+\frac{3}{x^2}\right)^2dx=\int\left(4x^2+\frac{12}{x}+\frac{9}{x^4}\right)dx$

$$=\int(4x^2+12x^{-1}+9x^{-4})\,dx$$

$$=\frac{4}{3}x^3-12x^{-2}-36x^{-5}+C$$

$$=\frac{4}{3}x^3-\frac{12}{x^2}-\frac{36}{x^5}+C$$

⑤ $\displaystyle\int\sqrt[4]{x^3}\,dx=\int x^{\frac{3}{4}}\,dx=\frac{1}{\frac{3}{4}+1}x^{\frac{3}{4}+1}+C=\frac{4}{7}x^{\frac{7}{4}}+C$

2. $f(x) = 3x^2 + x$

① $\int \left\{ \frac{d}{dx} f(x) \right\} dx = f(x) + C = 3x^2 + x + C$

② $\frac{d}{dx} \left\{ \int f(x) dx \right\} = f(x) = 3x^2 + x$

3. ① $f'(x) = 3x^2 + 2x - 5$, $(2, 2)$

$$\begin{aligned} f(x) &= \int f'(x) dx \\ &= \int (3x^2 + 2x - 5) dx \\ &= x^3 + x^2 - 5x + C \end{aligned}$$

$$\begin{aligned} f(2) &= 8 + 4 - 10 + C \\ &= 2 + C \\ &= 2 \quad \therefore \quad C = 0 \end{aligned}$$

$\therefore \quad f(x) = x^3 + x^2 - 5x$

② $f'(x) = 2x\sqrt{x} = 2x^{\frac{3}{2}}$, $(1, 2)$

$$\begin{aligned} f(x) &= \int f'(x) dx = \int 2x^{\frac{3}{2}} dx \\ &= 2 \cdot \frac{1}{\frac{3}{2} + 1} x^{\frac{3}{2}+1} + C \\ &= \frac{4}{5} x^{\frac{5}{2}} + C \end{aligned}$$

$f(1) = \frac{4}{5} + C = 2 \quad \therefore \quad C = \frac{6}{5}$

$\therefore \quad f(x) = \frac{4}{5} x^2 \sqrt{x} + \frac{6}{5}$

연습문제 • 2

1.

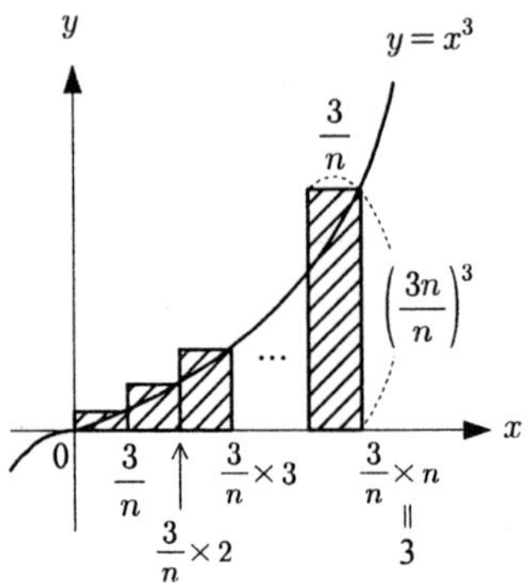

구간 $[0, 3]$을 n등분하면,

$$\frac{3}{n},\ \frac{3}{n}\times 2,\ \frac{3}{n}\times 3,\ \cdots,\ \frac{3}{n}\times n$$

이 되어 각 밑변의 길이는 $\frac{3}{n}$이 된다.

각 직사각형의 합은

$$\begin{aligned} S_n &= \frac{3}{n}\left(\frac{3}{n}\right)^3 + \frac{3}{n}\left(\frac{3}{n}\times 2\right)^3 + \frac{3}{n}\left(\frac{3}{n}\times 3\right)^3 \\ &\qquad + \cdots + \frac{3}{n}\left(\frac{3}{n}\times n\right)^3 \\ &= \frac{3^4}{n^4}(1^3 + 2^3 + 3^3 + \cdots + n^3) \\ &= \frac{3^4}{n^4}\cdot\left\{\frac{n(n+1)}{2}\right\}^2 \end{aligned}$$

$$\therefore\quad S = \lim_{n\to\infty} S_n = \lim_{n\to\infty}\frac{3^4 n^2(n+1)^2}{4n^4} = \frac{81}{4}$$

2.

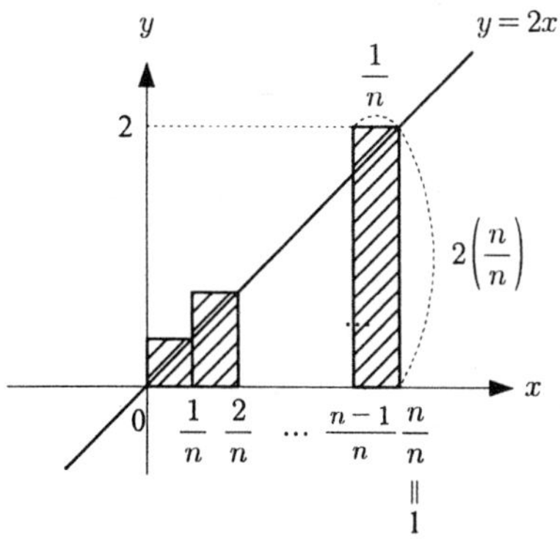

구간 $[0, 1]$을 n등분하면, 각 밑변의 길이는 $\frac{1}{n}$이 되고 각 직사각형의 합은

$$S_n = \frac{1}{n}\left(2\cdot\frac{1}{n}\right)+\frac{1}{n}\left(2\cdot\frac{2}{n}\right)+\cdots+\frac{1}{n}\left(2\cdot\frac{n}{n}\right)$$

$$= \frac{2}{n^2}(1+2+\cdots+n)$$

$$= \frac{2}{n^2}\cdot\frac{n(n+1)}{2} = \frac{n+1}{n}$$

$$\therefore\quad S = \lim_{n\to\infty} S_n = \lim_{n\to\infty}\frac{n+1}{n} = 1$$

3. ① $\displaystyle\int_0^3 (x-x^2)\,dx = \left[\frac{1}{2}x^2 - \frac{2}{3}x^3\right]_0^3$

$$= \frac{9}{2} - \frac{2}{3}\times 27 = \frac{9}{2} - 18 = -\frac{27}{2}$$

② $\displaystyle\int_1^2 \left(\frac{x}{3}+3x^2\right)dx = \left[\frac{1}{6}x^2 + x^3\right]_1^2$

$$= \left(\frac{4}{6}+8\right) - \left(\frac{1}{6}+1\right) = \frac{1}{2}+7 = \frac{15}{2}$$

③ $\displaystyle\int_3^4 \frac{x^2-1}{x-1}\,dx = \int_3^4 \frac{(x-1)(x+1)}{x-1}\,dx = \int_3^4 (x+1)\,dx$

$$= \left[\frac{1}{2}x^2 + x\right]_3^4 = (8+4) - \left(\frac{9}{2}+3\right) = \frac{9}{2}$$

④ $\displaystyle\int_1^3 \frac{4x^4+1}{x^2}\,dx = \int_1^3 (4x^2 + x^{-2})\,dx$

$$= \left[\frac{4}{3}x^3 + \frac{1}{-2+1}x^{-3}\right]_1^3$$

$$= \left(\frac{4}{3}\times 3^3 - \frac{1}{3^3}\right) - \left(\frac{4}{3} - \frac{1}{1^3}\right)$$

$$= 37 - \frac{1}{27} - \frac{4}{3} = 37 - \frac{37}{27}$$

⑤ $\displaystyle\int_0^5 |x-2|\,dx = \int_0^2 (-x+2)dx + \int_2^5 (x-2)dx$

$$= \left[-\frac{1}{2}x^2 + 2x\right]_0^2 + \left[\frac{1}{2}x^2 - 2x\right]_2^5$$

$$= (-2+4) + \left(\frac{25}{2} - 10\right) - (2-4)$$

$$= \frac{25}{2} - 6 = \frac{13}{2}$$

⑥ $\displaystyle\int_{-2}^4 |x(x-3)|\,dx$

$$= \int_{-2}^0 (x^2-3x)dx + \int_0^3 (-x^2+3x)dx + \int_3^4 (x^2-3x)dx$$

$$= \left[\frac{1}{3}x^3 - \frac{3}{2}x^2\right]_{-2}^0 + \left[-\frac{1}{3}x^3 + \frac{3}{2}x^2\right]_0^3 + \left[\frac{1}{3}x^3 - \frac{3}{2}x^2\right]_3^4$$

$$= -\left(-\frac{8}{3} - 6\right) + \left(-9 + \frac{27}{2}\right) + \left(\frac{64}{3} - 24\right) - \left(9 - \frac{27}{2}\right)$$

$$= 6 - 9 - 24 - 9 + \frac{8}{3} + \frac{27}{2} + \frac{64}{3} + \frac{27}{2}$$

$$= -9 + \frac{72}{3} = \frac{45}{3} = 15$$

⑦ $\int_{-1}^{2}|x-x^2|dx$

$$=\int_{-1}^{0}(x^2-x)dx+\int_{0}^{1}(x-x^2)dx+\int_{1}^{2}(x^2-x)dx$$

$$=\left[\frac{1}{3}x^3-\frac{1}{2}x^2\right]_{-1}^{0}+\left[\frac{1}{2}x^2-\frac{1}{3}x^3\right]_{0}^{1}+\left[\frac{1}{3}x^3-\frac{1}{2}x^2\right]_{1}^{2}$$

$$=-\left(-\frac{1}{3}-\frac{1}{2}\right)+\left(\frac{1}{2}-\frac{1}{3}\right)+\left(\frac{8}{3}-2\right)-\left(\frac{1}{3}-\frac{1}{2}\right)$$

$$=\frac{11}{6}$$

⑧ $\int_{-2}^{2}|x^2+2x-3|dx$

$$=\int_{-2}^{1}(-x^2-2x+3)dx+\int_{1}^{2}(x^2+2x-3)dx$$

$$=\left[-\frac{1}{3}x^3-x^2+3x\right]_{-2}^{1}+\left[\frac{1}{3}x^3+x^2-3x\right]_{1}^{2}$$

$$=\left(-\frac{1}{3}-1+3\right)-\left(\frac{8}{3}-4-6\right)+\left(\frac{8}{3}+4-6\right)-\left(\frac{1}{3}+1-3\right)$$

$$=-\frac{2}{3}+12=\frac{34}{3}$$

■ 제6장 ■ 적분의 응용

연습문제 • 1

1. ① $\int x(2x^2+3)^3\,dx$

$u = 2x^2+3,\ du = 4x \cdot dx$

$= \int u^3 \cdot \frac{1}{4}\,du = \frac{1}{4} \cdot \frac{1}{4}u^4 + C$

$= \frac{1}{16}(2x^2+3)^4 + C$

② $\int \sqrt{x+5}\,dx$

$u = x+5,\ du = dx$

$= \int u^{\frac{1}{2}}\,dx = \frac{1}{\frac{1}{2}+1}u^{\frac{3}{2}} + C$

$= \frac{2}{3}(x+5)\sqrt{x+5} + C$

③ $\int \frac{x}{(4x^2+5)^2}\,dx$

$u = 4x^2+5,\ du = 8x \cdot dx$

$= \int u^{-2} \cdot \frac{1}{8}\,du = \frac{1}{8} \cdot \frac{1}{-2+1}u^{-1} + C$

$= -\frac{1}{8(4x^2+5)} + C$

④ $\int \frac{2x^2}{(x^3-2)^3}\,dx$

$u = x^3-2,\ du = 3x^2 \cdot dx$

$$= \int u^{-3} \cdot \frac{2}{3} du = \frac{2}{3} \cdot \frac{1}{-3+1} u^{-2} + C$$

$$= -\frac{1}{3(x^3-2)^2} + C$$

⑤ $\int \frac{1}{\sqrt[3]{5-x}} dx$

$u = 5 - x,\ du = -dx$

$$= \int u^{-\frac{1}{3}}(-dx) = -\frac{1}{-\frac{1}{3}+1} u^{-\frac{1}{3}+1} + C$$

$$= -\frac{3}{2} u^{\frac{2}{3}} + C$$

$$= -\frac{3}{2} \sqrt[3]{(5-x)^2} + C$$

⑥ $\int x\sqrt{2x^2-1}\, dx$

$u = 2x^2 - 1,\ du = 4x \cdot dx$

$$= \int u^{\frac{1}{2}} \cdot \frac{1}{4} du = \frac{1}{4} \cdot \frac{1}{\frac{1}{2}+1} u^{\frac{3}{2}} + C$$

$$= \frac{1}{6}(2x^2-1)\sqrt{2x^2-1} + C$$

2. ① $\int_0^2 \frac{3x}{(x^2+1)^2} dx$

$u = x^2 + 1,\ du = 2x \cdot dx$

$x = 0 : u = 1$

$x = 2 : u = 5$

$$= \int_1^5 u^{-2} \cdot \frac{3}{2} du = \frac{3}{2} \cdot \left[\frac{1}{-2+1} u^{-1}\right]_1^5$$

$$= -\frac{3}{2}\left(\frac{1}{5} - \frac{1}{1}\right) = -\frac{3}{2} \times \left(-\frac{4}{5}\right) = \frac{6}{5}$$

② $\int_{-1}^{2} x\sqrt{9-x^2}\,dx$

$u = 9 - x^2,\ du = -2xdx$

$x = -1 : u = 8$

$x = 2 : u = 5$

$$= \int_{8}^{5} u^{\frac{1}{2}} \cdot \left(-\frac{1}{2}\right) du = \frac{1}{2}\int_{5}^{8} u^{\frac{1}{2}} du$$

$$= \frac{1}{2} \cdot \left[\frac{1}{\frac{1}{2}+1} u^{\frac{3}{2}}\right]_5^8$$

$$= \frac{1}{3}(8\sqrt{8} - 5\sqrt{5}) = \frac{1}{3}(16\sqrt{2} - 5\sqrt{5})$$

③ $\int_{-2}^{2} |x| dx = \int_{-2}^{0} (-x)\,dx + \int_{0}^{2} xdx$

$$= \left[-\frac{1}{2}x^2\right]_{-2}^{0} + \left[\frac{1}{2}x^2\right]_0^2$$

$$= -\frac{1}{2}(0-4) + \frac{1}{2}(4-0) = 4$$

④ $\int_{0}^{5} |x-2| dx = \int_{0}^{2} (-x+2)\,dx + \int_{2}^{3} (x-2)dx$

$$= \left[-\frac{1}{2}x^2 + 2x\right]_0^2 + \left[\frac{1}{2}x^2 - 2x\right]_2^3$$

$$= (-2+4) + \left(\frac{9}{2} - 6\right) - (2-4)$$

$$= \frac{5}{2}$$

⑤ $\int_{0}^{1} x^2\sqrt{2x^3+4}\,dx$

$u = 2x^3 + 4,\ du = 6x^2 dx$

$x = 0 \ : u = 4$
$x = 1 \ : u = 6$

$$= \int_4^6 u^{\frac{1}{2}} \cdot \frac{1}{6} du = \frac{1}{6} \cdot \left[\frac{2}{3} \cdot u^{\frac{3}{2}} \right]_4^6$$

$$= \frac{1}{9}(6\sqrt{6} - 4\sqrt{4}) = \frac{1}{9}(6\sqrt{6} - 8)$$

⑥ $\int_0^1 x^3 \sqrt{4 - x^4}\, dx$

$u = 4 - x^4, \ du = -4x^3 dx$
$x = 0 \ : u = 4$
$x = 1 \ : u = 3$

$$= \int_4^3 u^{\frac{1}{2}} \left(-\frac{1}{4} \right) du = -\frac{1}{4} \cdot \left[\frac{2}{3} u^{\frac{3}{2}} \right]_4^3$$

$$= \frac{1}{6} u^{\frac{3}{2}} \Big]_3^4 = \frac{1}{6}(4\sqrt{4} - 3\sqrt{3})$$

$$= \frac{1}{6}(8 - 3\sqrt{3})$$

연습문제 • 2

1. ① $y = 9x - x^2$
$= -x(x - 9)$

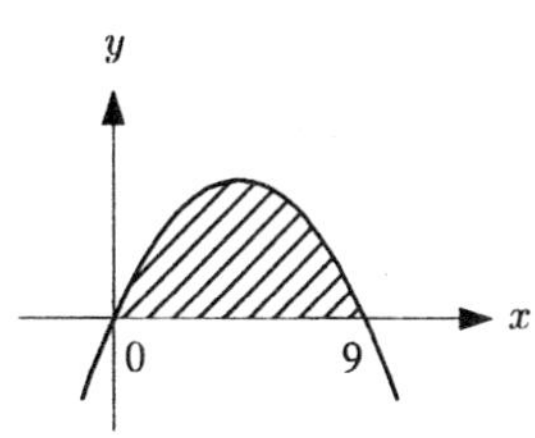

$$S = \int_0^9 (9x - x^2) dx$$

$$= \left[\frac{9}{2}x^2 - \frac{1}{3}x^3 \right]_0^9$$

$$= \frac{9}{2} \times 9^2 - \frac{1}{3} \times 9^3 = \frac{1}{6} \times 9^3 = \frac{243}{2}$$

② $y = x^2 - x - 6$
$= (x-3)(x+2)$

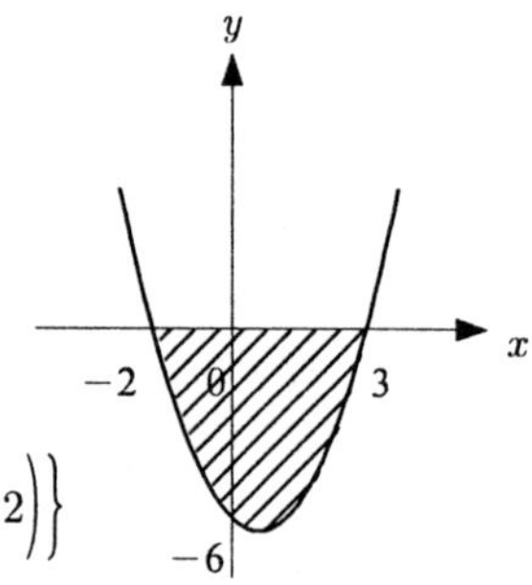

$$S = -\int_{-2}^{3}(x^2 - x - 6)dx$$
$$= -\left[\frac{1}{3}x^3 - \frac{1}{2}x^2 - 6x\right]_{-2}^{3}$$
$$= -\left\{\left(\frac{27}{3} - \frac{9}{2} - 18\right) - \left(\frac{-8}{3} - \frac{4}{2} + 12\right)\right\}$$
$$= 19 + \frac{11}{6}$$

③ $y = x^3 - 3x^2 - x + 3$
$= x(x^2-1) - 3(x^2-1)$
$= (x-3)(x-1)(x+1)$

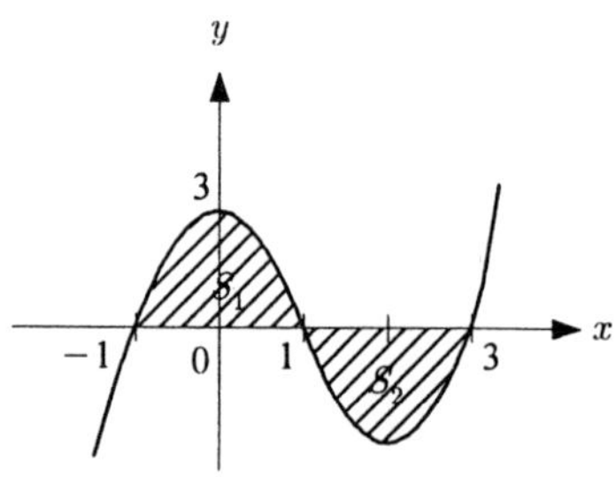

$$S = S_1 - S_2$$
$$= \int_{-1}^{1}(x^3 - 3x^2 - x + 3)\,dx - \int_{1}^{3}(x^3 - 3x^2 - x + 3)\,dx$$
$$= \left[\frac{1}{4}x^4 - x^3 - \frac{1}{2}x^2 + 3x\right]_{-1}^{1} - \left[\frac{1}{4}x^4 - x^3 - \frac{1}{2}x^2 + 3x\right]_{1}^{3}$$
$$= \left(\frac{1}{4} - 1 - \frac{1}{2} + 3\right) - \left(\frac{1}{4} + 1 - \frac{1}{2} - 3\right) - \left(\frac{81}{4} - 27 - \frac{9}{2} + 9\right) + \left(\frac{1}{4} - 1 - \frac{1}{2} + 3\right)$$
$$= 6$$

④ $y = x^3 - 5x^2 + 6x$
$= x(x^2 - 5x + 6)$
$= x(x-2)(x-3)$

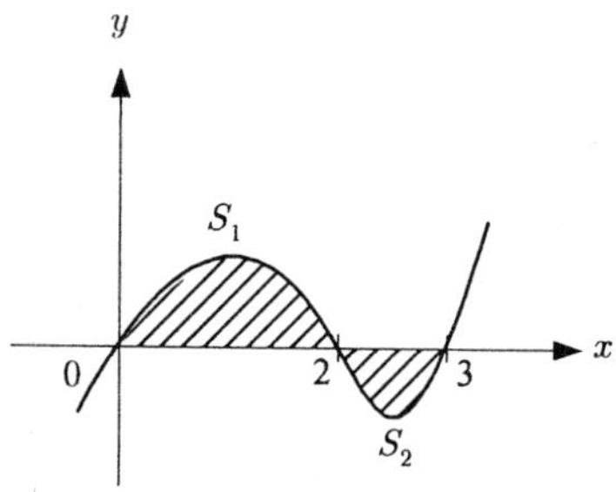

$$
\begin{aligned}
S &= S_1 - S_2 \\
&= \int_0^2 (x^3 - 5x^2 + 6x)\,dx - \int_2^3 (x^3 - 5x^2 + 6x)\,dx \\
&= \left[\frac{1}{4}x^4 - \frac{5}{3}x^3 + 3x^2\right]_0^2 - \left[\frac{1}{4}x^4 - \frac{5}{3}x^3 + 3x^2\right]_2^3 \\
&= \left(\frac{16}{4} - \frac{40}{3} + 12\right) - \left(\frac{81}{4} - \frac{135}{3} + 27\right) + \left(\frac{16}{4} - \frac{40}{3} + 12\right) \\
&= \frac{37}{12}
\end{aligned}
$$

2. ① $y = x^2 - 2$, $y = x$

$x^2 - 2 = x$

$x^2 - x - 2 = (x - 2)(x + 1) = 0$

$\therefore \quad x = -1,\ 2$

$$
\begin{aligned}
S &= \int_{-1}^2 (x - x^2 + 2)dx \\
&= \left[\frac{1}{2}x^2 - \frac{1}{3}x^3 + 2x\right]_{-1}^2 \\
&= \left(\frac{4}{2} - \frac{8}{3} + 4\right) - \left(\frac{1}{2} + \frac{1}{3} - 2\right) \\
&= \frac{9}{2}
\end{aligned}
$$

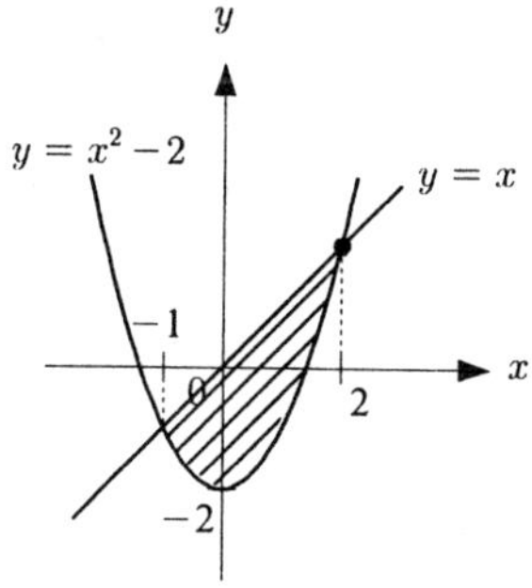

② $y = 4x - x^2$, $y = x - 4$

$4x - x^2 = x - 4$

$x^2 - 3x - 4$

$= (x-4)(x+1) = 0$

$\therefore \quad x = -1, 4$

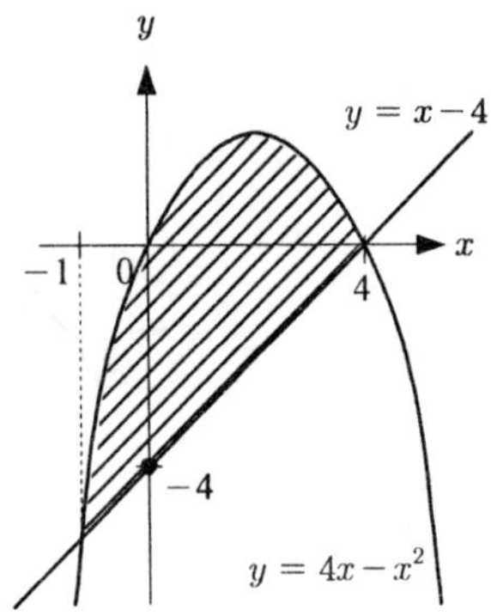

$$S = \int_{-1}^{4} (4x - x^2 - x + 4)dx$$

$$= \left[-\frac{1}{3}x^3 + \frac{3}{2}x^2 + 4x\right]_{-1}^{4}$$

$$= \left(-\frac{64}{3} + \frac{48}{2} + 16\right) - \left(\frac{1}{3} + \frac{3}{2} - 4\right)$$

$$= \frac{125}{6}$$

③ $y = x^2 - 4x + 3$, $y = 3$

$x^2 - 4x + 3 = 3$

$x^2 - 4x = x(x-4) = 0$

$\therefore \quad x = 0, 4$

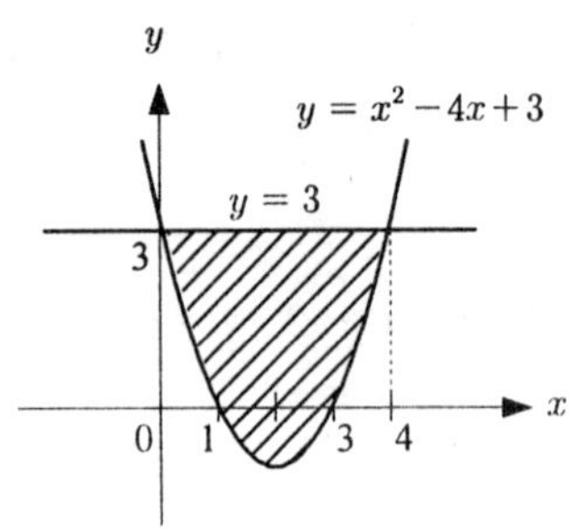

$$S = \int_{0}^{4} (3 - x^2 + 4x - 3)dx$$

$$= \int_{0}^{4} (-x^2 + 4x)dx$$

$$= \left[-\frac{1}{3}x^3 + 2x^2\right]_{0}^{4} = -\frac{64}{3} + 32 = \frac{32}{3}$$

3. ① $y = x^2$, $y = -x^2 + 4$

$x^2 = -x^2 + 4$

$x^2 = 2$

$\therefore \quad x = \pm\sqrt{2}$

$$S = \int_{-\sqrt{2}}^{\sqrt{2}} (-x^2 + 4 - x^2) dx$$
$$= 2\int_0^{\sqrt{2}} (-2x^2 + 4)\, dx$$
$$= 2\left[-\frac{2}{3}x^3 + 4x\right]_0^{\sqrt{2}}$$
$$= 2\left(-\frac{2}{3} \times 2\sqrt{2} + 4\sqrt{2}\right)$$
$$= \frac{16}{3}\sqrt{2}$$

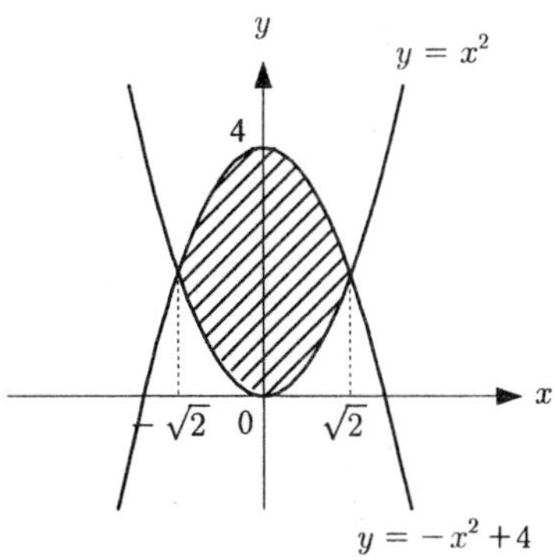

② $y = x^3 - 6x^2 + 8x$, $y = x^2 - 2x$

$x^3 - 6x^2 + 8x = x^2 - 2x$

$x^3 - 7x^2 + 10x = x(x^2 - 7x + 10)$

$= x(x-2)(x-5) = 0$

$\therefore \quad x = 0,\ 2.\ 5$

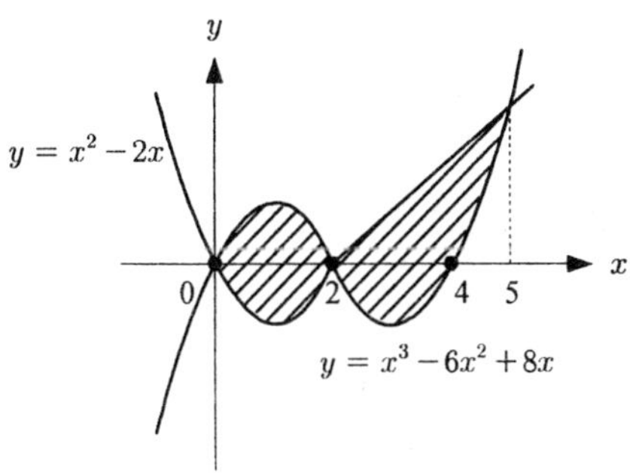

$$S = \int_0^2 (x^3 - 6x^2 + 8x - x^2 + 2x) dx$$
$$+ \int_2^5 (x^2 - 2x - x^3 + 6x^2 - 8x) dx$$

$$= \int_0^2 (x^3 - 7x^2 + 10x)dx + \int_2^5 (-x^3 + 7x^2 - 10x)dx$$

$$= \left[\frac{1}{4}x^4 - \frac{7}{3}x^3 + 5x^2\right]_0^2 + \left[-\frac{1}{4}x^4 + \frac{7}{3}x^3 - 5x^2\right]_2^5$$

$$= \left(\frac{16}{4} - \frac{7}{3} \times 8 + 20\right) + \left(-\frac{1}{4} \times 5^4 + \frac{7}{3} \times 5^3 - 5^3\right)$$

$$- \left(-\frac{16}{4} + \frac{7}{3} \times 8 - 20\right)$$

$$= \frac{253}{12}$$

4. ① $y = x^2 - 4x + 5,\ x = 0,\ x = 3$

$$S = \int_0^3 (x^2 - 4x + 5)dx$$

$$= \left[\frac{1}{3}x^3 - 2x^2 + 5x\right]_0^3$$

$$= 9 - 18 + 15$$

$$= 6$$

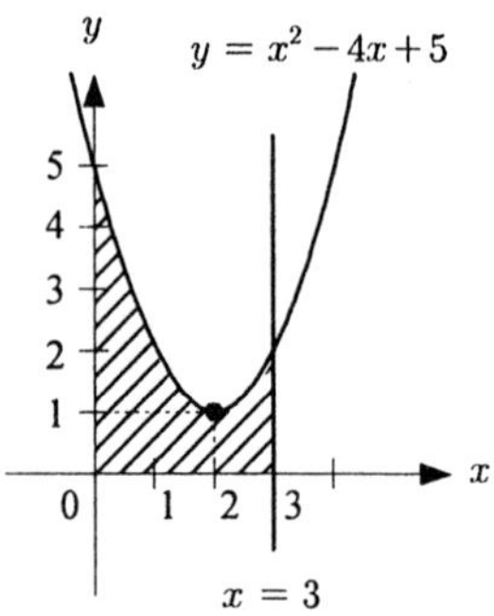

② $y = -x^2 + 3x + 4,\ x = 1,\ x = 3$

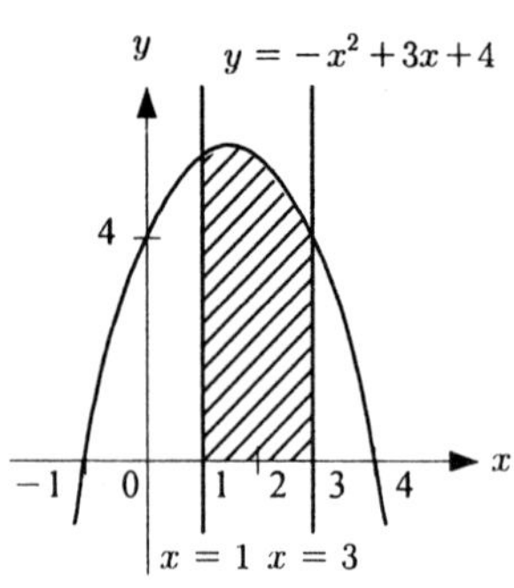

$$S=\int_1^3(-x^2+3x+4)dx=\left[-\frac{1}{3}x^3+\frac{3}{2}x^2+4x\right]_1^3$$
$$=\left(-9+\frac{27}{2}+12\right)-\left(-\frac{1}{3}+\frac{3}{2}+4\right)$$
$$=\frac{34}{3}$$

③ $y=\sqrt{x-1}$, $x=2$, $x=5$

$$S=\int_2^5\sqrt{x-1}\,dx$$
$$=\int_2^5(x-1)^{\frac{1}{2}}dx$$
$$=\frac{2}{3}(x-1)^{\frac{3}{2}}\Big]_2^5$$
$$=\frac{2}{3}\left(4^{\frac{3}{2}}-1\right)$$
$$=\frac{2}{3}(8-1)=\frac{14}{3}$$

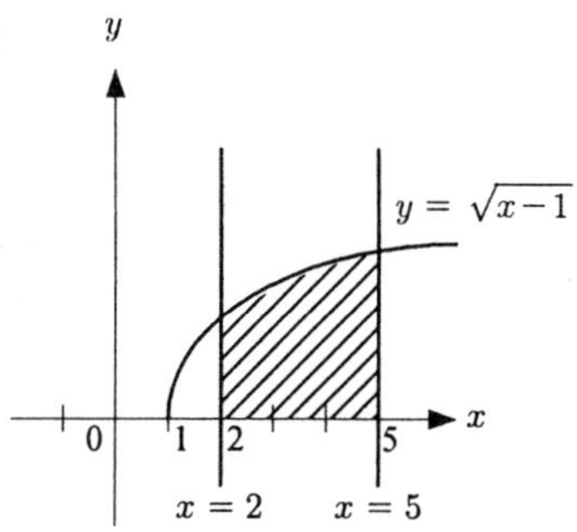

④ $y=|x^2-1|$, $x=-2$, $x=2$

$$S=2\left\{\int_0^1(-x^2+1)dx+\int_1^2(x^2-1)dx\right\}$$
$$=2\left\{\left[-\frac{1}{3}x^3+x\right]_0^1+\left[\frac{1}{3}x^3-x\right]_1^2\right\}$$
$$=2\left\{\left(-\frac{1}{3}+1\right)+\left(\frac{8}{3}-2\right)-\left(\frac{1}{3}-1\right)\right\}$$
$$=4$$

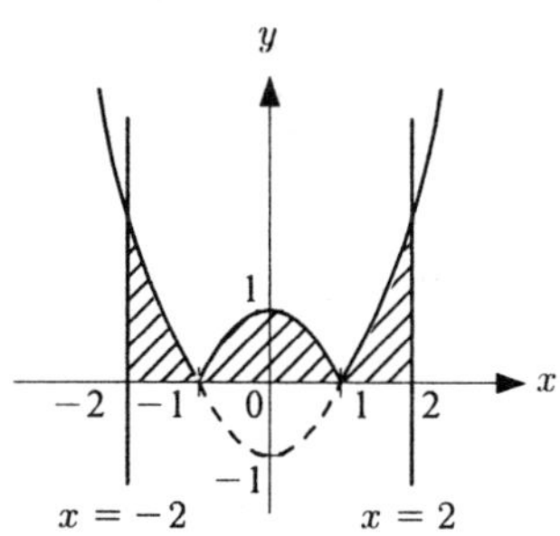

연습문제 • 3

1. 반지름 길이가 r인 구의 부피는 그림의 빗금친 부분을 x축 둘레로 회전시킬 때 생기는 회전체이다.

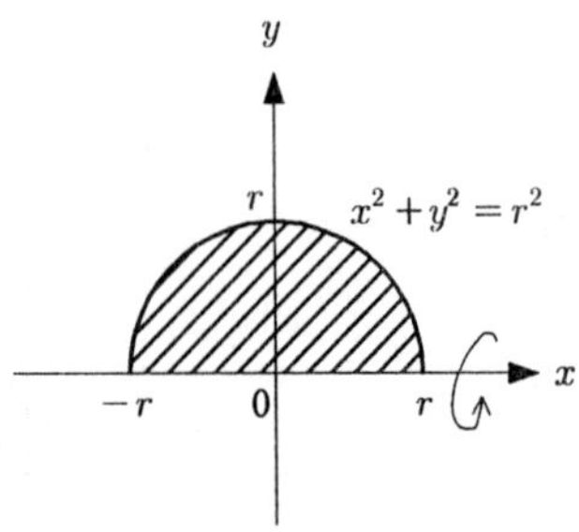

$$V=\pi\int_{-r}^{r}y^2dx=\pi\int_{-r}^{r}(r^2-x^2)\,dx$$

$$=2\pi\int_{0}^{r}(r^2-x^2)\,dx=2\pi\left[r^2x-\frac{1}{3}x^3\right]_0^r$$

$$=\frac{4}{3}\pi r^3$$

2. 교점의 x좌표는

$4-x^2=x+2$

x^2+x-2

$\quad=(x+2)(x-1)$

$\quad=0$

$\therefore\quad x=-2,\ 1$

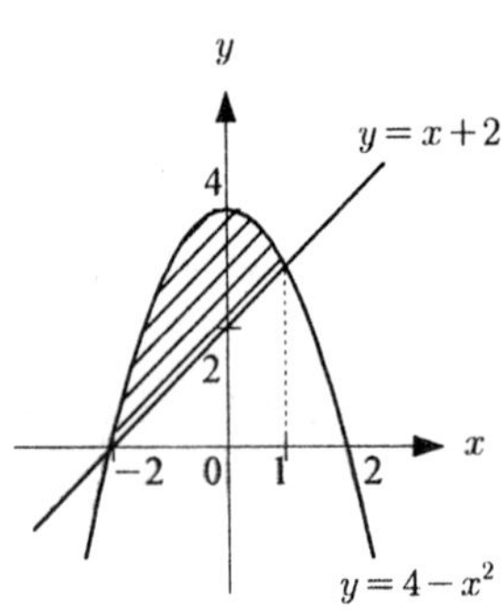

$$S = \int_{-2}^{1} (4 - x^2 - x - 2)dx$$
$$= \int_{-2}^{1} (-x^2 - x + 2)dx = \left[-\frac{1}{3}x^3 - \frac{1}{2}x^2 + 2x\right]_{-2}^{1}$$
$$= \left(-\frac{1}{3} - \frac{1}{2} + 2\right) - \left(\frac{8}{3} - 2 - 4\right)$$
$$= \frac{9}{2}$$

$$V = \pi\int_{-2}^{1} \{(4 - x^2)^2 - (x + 2)^2\} dx$$
$$= \pi\int_{-2}^{1} (x^4 - 9x^2 - 4x + 12)\, dx$$
$$= \pi\left[\frac{1}{5}x^5 - 3x^3 - 2x^2 + 12x\right]_{-2}^{1}$$
$$= \pi\left\{\left(\frac{1}{5} - 3 - 2 + 12\right) - \left(-\frac{32}{5} + 24 - 8 - 24\right)\right\}$$
$$= \frac{108}{5}\pi$$

3. 두 교점은

$$x = y^2 = x^4$$
$$x^4 - x$$
$$= x(x^3 - 1)$$
$$= x(x - 1)(x^2 + x + 1)$$
$$= 0$$
$$\therefore \quad x = 0,\ 1$$

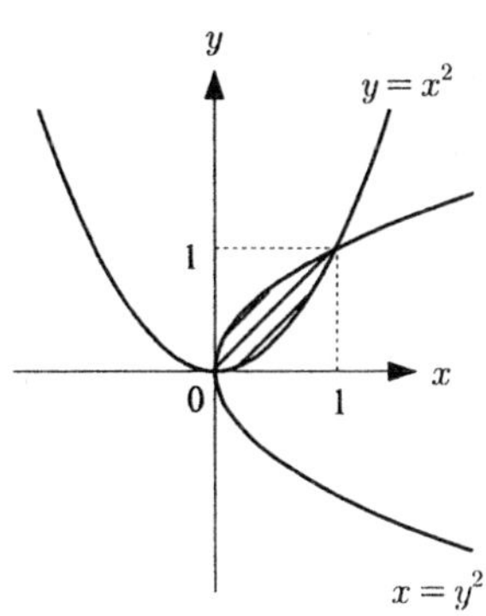

$$V = \pi\int_{0}^{1} (x - x^4)\, dx$$
$$= \pi\left[\frac{1}{2}x^2 - \frac{1}{5}x^5\right]_{0}^{1}$$
$$= \pi\left(\frac{1}{2} - \frac{1}{5}\right) = \frac{3}{10}\pi$$

찾아보기

[한글]

[영문, 숫자]

||| 저자약력 |||

■ 최 정 일

-서강대학교 수학과
-서강대학교 대학원 수학과
-서강대학교 경영대학원, 경영학석사
-명지대학교 대학원, 경영학박사
-동서경제연구소 증권조사부 연구원
-동서증권 및 동서투자자문 펀드매니저
-교보증권 리서치센터 투자분석팀 팀장
-(현재) 성결대학교 사회과학대학 경영학부 교수
-(현재) 국민은행 파생상품사업본부 자문위원
-주요저서
- 증권투자론(2006)
- 증권분석의 이해(2005)
- 증권시장의 이해(2005)
- 캔들차트 분석(2001)
- 주식 · 선물시장의 기술적 분석(1999)
- 증시대탐험! 최정일의 주식이야기(1999) 등

경영수학 입문

2007년 9월 15일 1판 1쇄 발행

저 자 최 정 일
발행인 남 승 우

발행처 도서출판 상尙 학學 당堂

서울특별시 동작구 사당3동 220-43
TEL : 02) 595-1692 ~ 4
FAX : 02) 595-1394
E-mail : namdoo6@unitel.co.kr
신고 : 2-155호 (1968. 11. 29)

정가 12,000원

ISBN 978-89-85437-77-6 93410